Tracce

GUY ROGER

Merckx
Il Cannibale

Traduzione di
Francesca Cassi

SOLFERINO

SOLFERINO

www.solferinolibri.it

Titolo originale:
Inaccessible Merckx

ISBN 978-88-282-1699-5
Prima edizione: maggio 2025

«Non ho mai obbedito alla ragione. Durante tutta la mia vita, ho sempre seguito il mio istinto e l'impulso del momento.»

Georges Simenon

Prefazione
di Eddy Merckx

Mi chiedete se mi riconosco nel ciclismo di oggi? Farei fatica a dire di sì. È tutto così diverso, è tutto talmente cambiato. È tutto calcolato, digitalizzato, diretto. Ho vinto il mio primo titolo di campione del mondo su una bici standard, non personalizzata. Non rifiuto il progresso, al contrario, e sono favorevole alla modernizzazione, ciò che mi sciocca in questo nuovo ciclismo è che il corridore passa mesi interi senza gareggiare. Avrei fatto davvero fatica a piegarmi a questi standard. Dove sta il piacere per un corridore se non nel gareggiare? Mathieu van der Poel ha preso il via per il Tour de France 2024 con nove giorni di corsa nelle gambe. Una situazione impensabile ai miei tempi. Io dovevo correre tutto il tempo, dappertutto, tre volte al giorno quando potevo. Disputavo in media centocinquanta giorni di gare in un anno, e sono arrivato a centonovantacinque in una stagione. Il piacere, quando si è corridori, è di partecipare a tutte. Ho fatto del mio mestiere una passione, non semplicemente un lavoro, e l'ho fatto per amore della bicicletta.

La passione ha guidato tutta la mia carriera, tutta la mia vita. Mi sostenevano i valori morali che mi avevano trasmesso i miei genitori: il rispetto, l'umiltà, l'impegno. Mi avevano accompagnato durante tutta la mia carriera e anche dopo. L'educazione influisce molto su quello che siamo e non ho mai preteso di essere il migliore. I miei genitori mi hanno inculcato una regola essenziale: guardare sempre al di sotto di sé, non sopra. Per diventare un campione, l'umiltà è fondamentale. E poi, parte della mia eredità sono anche i geni. Non lo negherò, geneticamente ho preso dai miei genitori, dai miei nonni, forse da ancora più lontano, qualcosa che gli altri non hanno.

Mi chiedete: se tornassi indietro, quale sarebbe la mia maniera di correre e quale errore non rifarei? La mia maniera di correre sarebbe la stessa. Quando ci si lascia guidare, non si è più se stessi. Ho vinto cinque Tour de France, ne vado molto fiero. Il tempo è passato, cinquant'anni dalla mia ultima vittoria nel 1974. Ho lottato, mi sono battuto per vincerne un sesto ma lo dico senza nostalgia, non ho rimpianti. Avrei potuto forse disputare quello del 1973, ma questa è aneddotica e poi gli assenti hanno sempre torto. Ecco, l'ho detto. Sono il più felice degli uomini con i miei cinque Tour de France, cinque Giri d'Italia, una Vuelta, tutte le Classiche, i miei titoli mondiali e un Record dell'ora. Ciò che è meraviglioso è che cinquant'anni dopo le rivalità si sono trasformate in affetti. I miei più grandi avversari sono diventati degli amici e i miei compagni di squadra lo sono rimasti. È una delle grandi lezioni che ci offre la vita che resta. C'è molto calore, durante le nostre riunioni di ex campioni, e ciò che è successo cinquant'anni fa non è più così importante. Per quanto riguarda l'errore, ce n'è uno che non commetterei di nuovo: quello di aver continuato il Tour de France nel 1975 dopo la mia caduta alla partenza da Valloire. La doppia frattura mascellare era una cosa seria e ci sono i traumi. Non ricordo più se fosse sera o mattina, ma sembrerebbe che io abbia parlato in fiammingo a un corridore spagnolo. Avrei dovuto abbandonare, invece che incaponirmi. Sono stato pazzo a continuare. Dopo quel Tour, niente è più stato lo stesso.

Mi domandate chi è stato il mio avversario più coriaceo e chi si avvicina di più oggi alla mia mentalità? Mi sono presentato alla partenza di tutte le gare, su tutti i terreni. Roger De Vlaeminck e Walter Godefroot erano i grandi clienti delle Classiche, ma quello che era dappertutto, tutto il tempo, su tutti i terreni era Felice Gimondi. Oggi, Tadej Pogačar è quello che si distingue di più. Corre, vince, perde, ricomincia. Partecipa a tutto quello a cui può e ha mille volte ragione. È così che io concepisco la bici.

Mi chiedete infine quale immagine vorrei che la gente conservasse di me una volta che non sarò più qui? Soprattutto, vorrei essere un esempio per i giovani. Dire loro che la cosa più importante è rimanere se stessi, con i piedi per terra, e che si divertano, anche se fanno fatica. La bici è una lezione di vita. Che il mio nome si cancelli o sparisca, è la legge del tempo che passa. Che ci si ricordi di me, sarebbe una forma di riconoscenza. Ma non sta a noi decidere.

Kemzeke

«Mais je te le dis, je n'irai pas plus loin...»[1]

Jacques Brel, *Vesoul*

In questo marzo del 1978 una certa eccitazione s'impadronisce della piccola città di Kemzeke, non lontana da Sint-Niklaas, nelle Fiandre Orientali, dalla quale tra meno di un mese partirà il Giro delle Fiandre. Al Café De Linde, tra una birra e l'altra, si parla solo di questo. Sembra che tra qualche giorno Eddy Merckx si presenterà sulla linea di partenza dell'Omloop van het Waasland, o, in francese, Le Circuit du Pays de Waes. Il campione belga ha avuto un inverno burrascoso che ha trascorso, invece che ad allenarsi, attaccato al telefono alla ricerca di uno sponsor.

In extremis, i negozi di *prêt-à-porter* C&A sono venuti in suo soccorso dopo il brusco forfait di Wilkinson. Era tutto pronto – maglie, pantaloni, bici, calendario delle gare – quando lo specialista francese dei rasoi ha desistito, obbligando il campione a ripartire da zero. Per rassicurare la sua

[1] «Ma te lo dico, non andrò oltre...» (N.d.T.).

squadra, Eddy Merckx ha anticipato di tasca propria gli stipendi di diciotto corridori, tra i quali c'è Robert Mintkiewicz, l'unico francese del gruppo. Non è un segreto, tutti sanno che all'alba della sua quattordicesima stagione il cinque volte campione del Tour de France è fuori forma, e i suoi problemi di salute hanno dato spazio a molti dubbi. Tre abbandoni su quattro gare tra il 19 febbraio e l'11 marzo – Montouroux, Het Volk, Wilsele – e un quinto posto al Tour du Haut Var non sono che un pallido riflesso dell'atleta che era. In queste condizioni, è stato impensabile per lui presentarsi sulla linea di partenza della Milano-Sanremo, quell'anno lunga 288 chilometri.

La domenica 19 marzo, grigia come il giorno di Ognissanti, all'indomani della vittoria di Roger De Vlaeminck alla Primavera, ignorando tutti i problemi che minano il morale e il coraggio, Merckx è effettivamente alla partenza del Circuit de Waes. L'organizzatore gli ha assegnato il pettorale numero 4. È la prima volta che Merckx vi partecipa, circondato da un'aura immensa, e la sua presenza dona un tocco di inatteso alla prova che per lungo tempo fu organizzata dal Dancing Ponderosa prima di venire aperta ai professionisti. Nel suo reportage per il giornale fiammingo «Bahamontes», il giornalista Rik Van Puymbroeck, riporta un dettaglio preso dai libri contabili ufficiali: «Sulla totalità del budget dei premi di partecipazione, ovvero 101.500 franchi belgi (2516 euro), al signor Merckx spetterà un premio di 30.000 franchi belgi (745 euro)».

Fa freddo, le piogge hanno reso il pavé scivoloso, un pavé brutto, sconnesso, nel quale ci si incastra, e il vento belga promette una gara da duri. La sua Mercedes, guidata dall'amico e *soigneur* Pierrot De Wit, viene accerchiata non appena spento il motore. La linea di partenza e d'arrivo, tracciata sotto le finestre del borgomastro, dista un centinaio di metri. Raggiungerla sarà un vero percorso a ostacoli. La piazza della chiesa è troppo piccola per questa folla sentimentale, ipnotizzata dal suo idolo. Se potessero, le persone gli bacerebbero i piedi e le mani. Da buon osservatore, José De Cauwer, che farà parlare di sé con la sua maglia Ti-Raleigh, pettorale 65, è allibito: «Ma è impossibile, conoscendolo, che in mezzo a tutto quel caos non si sia detto "Ma cosa diamine ci faccio qui?"».

Poi c'è quella muta di fotografi in agguato che lo mitraglia da tutte le direzioni, dando alla scena un'aria da fine di un'epoca. Molto tempo dopo, De Cauwer confesserà: «Che noi non esistessimo nemmeno non aveva niente di sorprendente, ma tormentare lui in quel modo aveva invece qualcosa d'indecente». Nel suo articolo intitolato *Quand Merckx n'est plus Merckx*,[2] Van Puymbroeck riporta anche questo dettaglio: «Per proteggersi dall'aria frizzante, i concorrenti hanno indossato le maniche lunghe e infilato un cappello sotto i loro caschi *boudin*». Ha anche intervistato René Dillen, compagno di squadra di Merckx per C&A: «Appena prima della partenza, Eddy si è ritrovato isolato e tagliato fuori dal gruppo dei concorrenti a causa della folla di sostenitori che lo inseguiva. Non ho mai sgomitato tanto per arrivare alla linea di partenza. Ho subito capito che avrebbe passato una giornata orribile». Tuttavia, questa sofferenza, diventata una forza interiore, invece di schiacciarlo gli conferiva una nuova e terribile maestosità.

[2] Quando Merckx non è più Merckx (N.d.T.).

Alle 13, l'organizzatore ha liberato i sessantacinque corridori che già scalpitavano e, non appena dato il via, il più svelto è stato Dillen. Il distacco è poco, forse trenta secondi: «Quando mi sono girato per vedere quanto fossi lontano, chi ho visto pedalare a tutta forza, in testa al gruppo? Eddy». Merckx è pur sempre Merckx. Perfino senza allenamento rimaneva un combattente instancabile. Riesce a infilarsi in una fuga, per assaporare l'aria del mare aperto. È così che ama la bicicletta. All'arrembaggio, tutti! Ma dare il massimo a volte non per forza è abbastanza, e a metà gara è già rientrato nei ranghi. «Non era questione di fargli un regalo» taglia corto De Cauwer. «Lui non ne ha mai fatti. I ragazzi disputavano la loro Milano-Sanremo di fronte a Merckx e non pensavano ad altro: farlo fuori.» Il palmarès della settantottesima edizione vedrà vincitore Frans Van Looy, il più rapido davanti a Walter Planckaert, battuto alla fine di un'energica volata. Merckx è arrivato una manciata di secondi più tardi in un piccolo gruppo di dieci atleti. In gioco l'undicesimo posto, che José De Cauwer gli ha soffiato. «Non l'avevo mai visto da così vicino. Essere spalla a spalla a duecento metri dall'arrivo e batterlo in volata è una cosa che mi terrò dentro fino alla fine dei miei giorni.»

Ciò che è accaduto dopo è più commovente. Pierrot De Wit, il suo *soigneur* e massaggiatore, che i corridori del circuito, da generazioni – i Maspes, Faggin, Timoner, Van Steenbergen, Koblet, Darrigade, Sercu o Doyle – hanno soprannominato "Goldfinger", racconta: «Gli avevo appena lavato le gambe con un guanto. Ha chiuso la portiera e con tono calmo mi ha detto: "È finita Pierrot. Smetto di correre. Non dirlo a nessuno, questa è stata la mia ultima gara. Nessun Giro del Belgio. Non vado oltre". Ho provato a dirgli che non era andata così male... Scuotendo la testa, mi ha risposto: "No, Pierrot. Non voglio più soffrire. È finita"». Il segreto rimarrà tale per qualche giorno, ma in quell'istante il mondo delle persone normali, che lui aveva lasciato nel 1965, gli è tornato addosso come un boomerang.

Quarantasei anni più tardi, la storia del Circuit du Pays de Waes del 1978 è riemersa grazie a José De Cauwer, diventato, commentatore del canale belga in lingua olandese BRT dopo essere stato direttore sportivo della squadra ADR e maggior promotore della vittoria di Greg LeMond su Laurent Fignon nel Tour de France del 1989, per gli otto secondi più celebri della storia. De Cauwer ha appena finito di scrivere, insieme all'ex giornalista Rik Van Walleghem, il libro che ha sempre avuto voglia di scrivere. S'intitola *De 10 Geboden van José De Cauwer*, ovvero *I dieci comandamenti di José De Cauwer*, che ha avuto un enorme successo in libreria. Merckx e LeMond vi occupano un posto importante e gettano una luce inedita su tutto quello che generalmente non si racconta della vita di un corridore. Ignoravo, quando ho preso appuntamento con lui, se mi avrebbe fatto delle rivelazioni sul dietro le quinte dell'ultima gara di Eddy Merckx, che compare in buona posizione nei suoi dieci comandamenti.

In un caffè-libreria di Gand, vicino alla stazione Sint-Pieters, José è inarrestabile. Scopro che lui «fa parte del suo cerchio di amici intimi», che «l'uomo-Merckx è il fedele riflesso, più sentimentale, del corridore» e che qualcuno «di insignificante come me ha avuto il privilegio di batterlo durante una volata, ma per un undicesimo posto». La grande trovata dei due compari De Cauwer e Van Walleghem è stata quella di presentarsi davanti al pubblico e di raccontare non quello che contiene il libro, ma quello che sta dietro. Attraversando quel Paese piatto, *Plat pays*, con le parole di Brel, che è il loro, De Cauwer e Van Walleghem, accompagnati da un chitarrista che riempie le pause con delle arie country, se ne vanno di città in città e da una sala municipale a una palestra. Presto, "la Cinquantesima". Durante questi incontri ricamano molti racconti e si fanno trascinare dalle domande appassionate del pubblico. De Cauwer confessa anche qualche fatto più personale: «All'età di quattordici anni andavo già al lavoro, timbravo il cartellino in una fonderia e mi facevo cinquanta ore a settimana». Il coraggio e l'umiltà sono i pilastri della sua carriera, trasformata in quella di un gregario per la sua amicizia con Hennie Kuiper. «In questo campo ho pensato più spesso alla sopravvivenza che alla vittoria (a proposito di una tappa della Vuelta di Spagna del 1976) e a furia di ascoltare e di guardare, ho capito che c'erano due parole che non bisognava mai pronunciare: fortuna e sfortuna. La prima, perché le cose che ti succedono non sono mai dovute alla fortuna. La seconda, perché se cerchi delle scuse non vincerai mai.»

Nei suoi dieci comandamenti traccia con molta sensibilità e molto umorismo la gara del 19 marzo 1978, l'ultima del grande Eddy Merckx. Per prima cosa dice, con un tono di rimpianto e la voce piena di emozione: «Se avessimo saputo che ci sarebbe mancato così tanto, ce lo saremmo goduti di più». Nei loro piccoli numeri di teatro in giro per il Belgio i due immaginano anche il ritorno di Eddy a casa, dove lo aspetta sua moglie Claudine.

Eddy (José fa finta di stiracchiarsi, stanco): «Sai qualcosa di quello che è successo?».

Claudine: «No. La gara è andata bene almeno?».

Eddy (dopo un momento di silenzio): «De Cauwer mi ha battuto in volata... (un altro silenzio) per l'undicesimo posto».

Claudine: «Allora ritengo seriamente che sia il momento di pensare di ritirarti, una volta per tutte».

Il pubblico ride e le vendite decollano. La constatazione è irrefutabile: mezzo secolo dopo la sua carriera, il nome di Eddy Merckx agisce ancora come una forte calamita sull'immaginario collettivo.

Amici di lunga data, Eddy e José si ritrovano a volte per condividere un buon pasto. A metà dicembre 2023, l'annunciata chiusura del celebre ristorante Hof Van Cleve, a Kruishoutem – tre stelle Michelin, 19,5/20 da Henri Gault e Christian Millau – gli ha servito una scusa su un piatto d'argento. Lo chef, Peter Goossens, li ha fatti accomodare al tavolo più richiesto, quello vicino alla cucina. Otto giorni dopo, il re Filippo del Belgio pranzava allo stesso posto. Tra la pera e il formaggio, i dieci comandamenti nella versione De Cauwer e il famoso dialogo immaginario del ritorno del guerriero alla propria dimora hanno fatto il loro ingresso nella conversazione.

«E allora?» ho chiesto. «La sua reazione?»

«Era piegato in due dalle risate.»

Woluwe-Saint-Pierre

«A modo suo, è un conquistatore dello spazio su un mezzo a propulsione umana.»
Jean-Baptiste Baronian, scrittore

Ritrovarsi sulla griglia di partenza di un libro dedicato al più grande ciclista di tutti i tempi è un'avventura monumentale. La sensazione di imbarcarsi per un giro del mondo all'epoca in cui il ciclismo conquistava ancora il cuore degli uomini è entusiasmante.

Dagli anni Sessanta agli anni Settanta, Eddy Merckx ha lasciato il segno su praticamente tutte le gare che ha disputato: sono 1800, a quanto dicono le statistiche, di cui 525 vittorie su strada, che costituiscono una vera e propria costellazione nel firmamento di una carriera durata quattordici anni. Una performance ancora più notevole dal momento in cui l'opposizione all'epoca era grandiosa in tutte le sue forme, e dava luogo a duelli fenomenali. Non c'è da stupirsi che Merckx, il più grande "Cannibale" nella storia del ciclismo, abbia respirato la stessa aria frizzante di Roger De Vlaeminck, Walter Godefroot, Freddy Maertens, Roger Rosiers, André Dierickx, Frans Verbeeck, Patrick Sercu, Jan Janssen, Felice Gimondi, Luis Ocaña, Gianni Motta, Lucien Van Impe, Joop Zoetemelk, Bernard Thévenet o Rik Van Looy.

Scorrendo il suo stratosferico palmarès, ci sarebbe abbastanza materiale per comporre una *Guida per il piccolo escursionista in bicicletta*. A partire da Vilvoorde, il suo primo successo (11 maggio 1965), fino a Kluisbergen, l'ultimo (17 settembre 1977), il cicloturista potrebbe essere fiero di scoprire le alture classificate come patrimonio internazionale del ciclismo. Poggio, Sormano, Ghisallo, Grammont, Oude Kwaremont, Arenberg, Carrefour de l'Arbre, Stockeu, La Redoute, per citarne solo alcuni. Con una menzione speciale per Woluwe-Saint-Pierre, il comune di Bruxelles dove Merckx è cresciuto e che ha reso famoso sul mappamondo.

Forse perché il Belgio aspettava disperatamente un successore a Sylvère Maes, l'ultimo vincitore belga del Tour de France nel 1939, l'apparizione di Eddy Merckx ha acceso il *Plat pays* con la rapidità di un incendio boschivo. Diventa presto una macchina da gara e da vittorie. Giorno e notte, da un Paese all'altro, la sua vita non conosce riposo, dal 1° gennaio al 1° gennaio dell'anno successivo. Non gli faceva paura gareggiare in un criterium a Bruxelles la mattina, prendere un aereo per Lisbona e vincere un secondo criterium nel tardo pomeriggio, ripartire per Milano e chiudere la giornata con un'*americana*, sulla pista del Vigorelli. Secondo l'ex giornalista Rik Van Walleghem, nel corso del suo periplo, «Merckx l'esploratore» avrebbe «coperto dodici volte la distanza del giro del mondo».

«A modo suo, è un conquistatore dello spazio su un mezzo a propulsione umana» sottolinea Jean-Baptiste Baronian[3] al quale Frans Verbeeck, un solido cliente del pavé, fa eco: «Eddy Merckx assicurava lo spettacolo e noi, al suo fianco, non avevamo che un ruolo minore». Peter Post, direttore sportivo della squadra Raleigh, l'ha detto in altre parole la sera dell'esibizione di Merckx durante la Parigi-Roubaix del 1973: «Perché il primo ministro belga Vanden Boeynants vuole comprare dei Mirages o degli F16 quando ha già Merckx?».[4]

Non si può togliere nulla a delle stagioni immense, alcune delle quali superano i sessanta giorni di gare. Ma non devono essere apprezzate attraverso i pezzi d'antologia di una o dell'altra: Mourenx-Ville-Nouvelle, Tre Cime di Lavaredo, Mendrisio, Mexico, entrate direttamente nella leggenda. Al contrario, bisogna contemplarle nel loro insieme, come si osserva un paesaggio fiammingo di Bruegel o di Rubens, con le sue montagne, la sua neve, i suoi temporali, le sue burrasche e i suoi pavé.

Evocando il «dio degli dei e il suo palmarès mitologico», Baronian cita Alfred Jarry che, molto prima della nascita del mostro sacro, affermava già che «il ciclismo, questo sport al limite di tutti gli sport, fa parte delle Belle Arti». L'artista Merckx ha quindi elevato la sua opera al di sopra di ogni tempo, a immagine dei suoi illustri predecessori, Binda, Coppi, Bartali, Bobet, Anquetil o di coloro la cui generazione ha prolungato la sua, Thévenet, Hinault, Indurain, Froome, Pogačar. Sono tentato di ag-

[3] Jean-Baptiste Baronian, *Dictionnaire amoureux de la Belgique*, Plon, Parigi 2015.

[4] Johny Vansevenant, *Dans l'ombre d'Eddy Merckx*, La Renaissance du Livre, Parigi 2012.

giungere che il campione belga aveva qualcosa in più di tutti gli altri: è riuscito a portare il fantastico nella realtà. «Perché possiede qualcosa d'immutabile: una volontà spinta a un livello straordinario. In lui c'è un principio di vita» sottolinea Pascal Sergent, storico della bici, autore di numerose opere su quel decennio del ciclismo in Belgio. Questa mostruosa volontà, la sua gigantesca ambizione donano al personaggio degli accenti balzachiani. Perché l'eroe di Balzac è ambizioso, insaziabile e brucia di desiderio di potenza, come lui. Un po' Rastignac, conquistatore del mondo, arrivista, giusto, leale, un po' Vautrin, mosso da un'indomabile forza interiore.

La sua preminenza è così marcata che in Belgio viene percepito come un vero e proprio fenomeno della società. Robert Janssens, autore ed ex giornalista per il quotidiano «Het Laatste Nieuws» la cui voce fa testo in quanto si è occupato di seguirne la carriera, sostiene: «Il nome di Merckx ha acquisito una dimensione pedagogica, penetrando anche nelle scuole». Precisa inoltre: «Merckx fa parte della nostra eredità nazionale. È una sorta di ambasciatore del prestigio di tutti i belgi, e la sua leggenda viene raccontata da ogni generazione che di conseguenza la perpetua. È penetrata nel cuore di tutto un popolo». Ripercorrere gli anni di Merckx significa un po' anche fare della sociostoria del ciclismo. Nella sua magistrale opera *Il modo di ieri*, lo scrittore Stefan Zweig sottolinea: «In condizioni normali, il nome che portiamo non è né più né meno che la fascetta di un sigaro, un oggetto esterno quasi senza importanza, che non ha che un legame molto sottile con il vero soggetto: l'io». Poi prosegue: «Ma in caso di successo, questo nome può gonfiarsi a dismisura, distaccarsi dalla persona che lo porta e diventare lui stesso una forza, un capitale, un articolo di commercio, un'unità di misura che influenza, trasforma e domina l'uomo che lo porta». Il nome di Pelé, stella mondiale del calcio, il più grande giocatore di tutti i tempi, è la perfetta dimostrazione di questo fenomeno. «Capace di fermare una guerra grazie alla sua sola presenza o di convertire l'America al calcio» ci dice Stéphane Cohen nell'eccellente biografia che gli ha dedicato.

Per Merckx non siamo ancora arrivati a questo punto, ma abbiamo la certezza che il nome del campione belga abbia sorpassato l'uomo da molto tempo. Ne sono la conferma le fermate della metro a suo nome (Bruxelles, linea 5), i film (*La course en tête*, Joël Santoni; *Le Prix de l'exploit*, John Badham; *Le Vélo de Ghislain Lambert*, Philippe Harel), le canzoni (Jacques Higelin, Groupe Sttellla), i fumetti (San Antonio; *Asterix e i belgi*), i centri scolastici (Woluwe-Saint-Pierre), il velodromo Eddy Merckx di Gand, i Luigi d'oro a sua effigie, le statue e le stele. Il cinque volte campione del Tour de France è certamente anche il corridore sul quale è stato scritto di più: ottantadue opere in francese si trovano sugli scaffali della BNF[5] di Parigi e più di un centinaio in olandese arricchiscono il bellissimo Museo del ciclismo di Roeselare, nelle Fiandre Occidentali. Senza dimenticare l'uragano mediatico senza precedenti, durante e dopo la sua carriera.

La sera degli addii, il 18 maggio 1978, il giornalista dell'«Het Laatste Nieuws», Lucien Berghmans, investito da quattordici anni della missione di scrivere sul campione tutti i giorni, senza interruzioni, «era più preoc-

[5] Bibliothèque nationale de France.

cupato di quello che gli sarebbe successo che dal ritiro di Merckx», riporta Rik Van Puymbroeck sul giornale «Bahamontes».

L'obiettivo qui non è di raccontare la carriera di un personaggio storico. Quello è già stato fatto, e anche bene. Non è nemmeno quello di compiere un viaggio nell'intimità di una star: la biografia scritta dal giornalista politico belga Johny Vansevenant è imperdibile e assolutamente notevole sotto ogni aspetto. Nel cuore delle sue quattordici stagioni, talvolta rivestite di una patina romanzesca, vive e respira un'intera generazione, un'intera epoca, e le fughe del Cannibale, i suoi colpi di testa, riprendono vita nei ricordi dei suoi avversari o compagni di strada. Un esempio: Gianni Motta, il suo capro espiatorio della Milano-Sanremo, dice che «era tutto quello che sognavamo di essere e diventare. La cosa fastidiosa era che a volte avevamo l'impressione di pedalare dietro a una moto». Jean-Pierre Danguillaume, luogotenente di Bernard Thévenet: «Era come un incontro di boxe tra un peso piuma e un peso massimo. Hai già visto Cassius Clay farsi battere da un peso piuma?». Jean-Claude Genty, compagno di squadra di Luis Ocaña: «Durante le gare in Belgio, noi francesi davamo il massimo, mentre Eddy Merckx e Roger De Vlaeminck si divertivano come matti». Roger Rosiers, vincitore della Parigi-Roubaix 1971: «Non appena si portava in testa sapevamo che sarebbe successo qualcosa. Non ho mai visto in nessun altro una tale potenza».

Sono questi dei visi, delle figure che disegnano l'atmosfera che noi chiamiamo un'epoca, quella dei Rolling Stones e di Bob Dylan, dell'Apollo 11 e del Brasile di Pelé, campione del mondo per la terza volta nel 1970. Dappertutto, in Belgio, Italia, Paesi Bassi, Spagna e Francia, i miei incontri con queste vecchie glorie che chiamiamo anche i "Giganti della strada" sono stati eccezionali. Mi hanno regalato delle vere chicche, delle storie segrete e hanno pianto anche un po'. Non resta che servirsi.

Ma, prima, un'osservazione personale: Eddy Merckx non ha influenzato direttamente la mia passione per il ciclismo e non posso dire di essere stato un *merckxista*. Anni dopo, l'ho intervistato, ho seguito una delle sue uscite in bici con il figlio Axel, che moriva dalla voglia di tentare la sorte – dopotutto quello che scorre nel sangue è altrettanto difficile da deviare che il corso dell'Escaut – e un'altra volta anche un'uscita con i compagni del giovedì. Ma non l'ho mai visto gareggiare finché non ho scoperto delle immagini in bianco e nero, negli archivi dell'INA,[6] da togliere il fiato, che mi hanno stregato e trasportato in un'altra epoca. È in questo modo che mi sono avventurato nella vera vita da corridore di Eddy Merckx. Durante questa specie di inchiesta mi sono spesso posto due domande: è il più grande corridore di tutti i tempi? E cosa fa sì che ci si affezioni a questo personaggio? La mia risposta alla seconda domanda è ogni volta la stessa: nei vecchi film dell'INA l'ho sempre trovato di portamento e attitudine nobili, coraggiosi e degni. Merckx non è solo un campione fuori dal comune, è un'istituzione. E questa è anche la mia risposta alla prima domanda. Con una maggioranza schiacciante, le testimonianze raccolte lo confermano.

[6] Institut national de l'audiovisuel.

La Cipale, una volta

> *«Passare in testa sul Tourmalet... Un momento importante nella storia di una vita. Noi scalatori abbiamo tutti delle cime come questa che ci procurano una certa fierezza, un'emozione particolare.»*
>
> Martin Van Den Bossche, gregario

Il Tour de France è il fulcro sul quale si fonda tutto il merckxismo. Quello del 1969 è il primo impatto davvero intimo di Merckx con la Grande Boucle. Lo affascina fin dall'infanzia, quando sognava di essere Stan Ockers, il suo idolo. Il Tour resta l'evento che più di tutti ha segnato la sua vita. Ed è particolarmente vero se si pensa che prima di ereditare il soprannome di "Cannibale", i clienti della drogheria di Place des Bouvreuils, gestita dai genitori, Jenny e Jules, già lo chiamavano "Tour de France". Il Tour del 1969 quindi, primo del suo quinquennio, è il più esagerato. La concorrenza viene sbaragliata nel giro di una settimana. Alla fine del Tour, Roger Pingeon, secondo, è dietro di 17 minuti e 54 secondi. Raymond Poulidor, terzo, di 22 minuti e 13 secondi e Jan Janssen, il vincitore dell'edizione precedente, è decimo, con un ritardo di 52 minuti e 56 secondi. Lucien Van Impe, alla prima delle sue future quindici presenze, finisce con 56 minuti e 17 secondi di ritardo su Merckx. Per quanto riguarda Luis Ocaña, si è ritirato dopo una caduta all'inizio della seconda settimana.

Il bottino ammassato è colossale: maglia gialla, sei vittorie di tappa, maglia verde nella classifica a punti, premio per il migliore scalatore, premio combattività e Faema, la sua squadra italiana, l'unica che arriva al completo a Parigi, vince la classifica a squadre. La sua ossessione di formare una squadra *commando*, di avere al suo fianco venti tizi pronti a morire per lui, è finalmente soddisfatta. È ormai lontana l'epoca in cui, all'inizio della sua carriera da professionista nel 1965, doveva patire la canzonatura e il disprezzo di Rik Van Looy, il suo leader nella Solo-Superia. Lontana anche l'epoca dell'egoismo di Tom Simpson e di Roger Pingeon, i capisquadra della formazione Peugeot: «In due anni, non ho il ricordo di un solo compagno di squadra che mi abbia passato una ruota o dato un cambio».[7] Merckx ha ventitré anni quando gli sconvolgimenti del Maggio '68 attraversano anche la frontiera belga, ma non ne ha bisogno per capire quello che vuole: rovesciare l'ordine stabilito dalla generazione Van Looy. Farsi strada, spesso a spallate, perché il suo carattere non gli permette di schierarsi sotto una bandiera. Non accetterà mai di essere relegato nella società dei gregari. La sua prima campagna d'Italia, nel 1968, lo conforta molto sotto questo aspetto. Un Giro e una Parigi-Roubaix li ha messi in saccoccia, già ben fornita con un campionato del mondo (1967), due Milano-Sanremo (1966, 1967) e che si rivelerà fin troppo piccola dopo la campagna delle Classiche della stagione 1969: una terza Milano-Sanremo, un Giro

[7] Marc Jeuniau, *Face à face avec Eddy Merckx*, Arts & Voyages, Parigi 1971.

delle Fiandre, una Liegi-Bastogne-Liegi, un Gand-Wevelgem, una Freccia Vallone e una prima Parigi-Nizza. Merckx ha avuto un certo istinto a confidare a Guido Reybrouck la missione di trovare dei compagni di squadra a sua immagine, lavoratori, solidali, fedeli e in grado di mettere in piedi un'organizzazione perfetta. «Non degli olandesi!» ha avvertito il capo. Messaggio ricevuto. Sono dodici belgi che partono per l'avventura italiana durante la stagione del 1968 e che si prolungherà per nove anni. I dirigenti transalpini completano la prima squadra Faema con sei dei loro.

Molto rapidamente, i due clan si oppongono. Gli italiani, che corrono per Vittorio Adorni, e i belgi, che obbediscono solo a Eddy Merckx. Adorni, vincitore del Giro nel 1965, è il leader durante la Vuelta del 1968. Eddy avrà le stesse prerogative al Giro un mese dopo. Ma sulle strade spagnole niente va come previsto e un'oscura manovra di Adorni distrugge il gruppo. Martin Van Den Bossche, elevato al grado di "luogotenente delle cime" in un editoriale di Jacques Goddet, direttore del Tour de France, accusa: «Adorni ci ha traditi. Ne sono testimone».

Siamo andati a trovare il vecchio scalatore «dalle gambe infinite» – ancora Jacques Goddet – a casa sua, a Bornem, un comune situato a metà tra Bruxelles e Anvers. Robert Janssens, scrittore e giornalista per quarant'anni all'«Het Laatste Nieuws», è venuto con me. «Da noi, c'erano due clan che non si parlavano» continua VDB. «Ma bisognava comunque fare il nostro lavoro e sorvegliare Gimondi, il grande rivale che correva per Salvarani. In realtà, era tutta una finzione. Durante una lunga tappa di montagna, Gimondi ha attaccato, io mi sono messo in scia ma Adorni in quell'istante mi ha preso per la maglia e mi ha inchiodato sul posto. In questo modo Gimondi ha vinto la Vuelta. La sera, a tavola, sfregandomi le dita tra di loro, mi sono rivolto a Adorni in fiammingo, lingua che non parlava, ma sono sicuro che non ha avuto bisogno di un traduttore. “Eh! Quanto ti hanno dato?” E ho aggiunto: “Li condividerai con noi, che pedaliamo con te dall’inizio, oppure sono sicuro che non sarà bello quando racconterò a Eddy che hai venduto questa Vuelta”. Subito Marino Vigna, il nostro direttore sportivo, si è intromesso nella discussione e minacciandomi con il dito ha cercato di farmi paura: “Ti assicuro che è certo che guarderai il prossimo Giro alla televisione”. Ma visto che era Eddy a comandare, ero ben presente alla partenza del Giro del 1968, e probabilmente si è anche detto che aveva fatto bene a scegliermi quando abbiamo dovuto affrontare la tempesta di neve verso le Tre Cime di Lavaredo.»

Merckx non può sospettare che nell’edizione seguente del Giro, che stava conquistando con tutta la sua potenza, sarà vittima della più grande ingiustizia della sua vita: squalificato dalla gara a Savona dopo due settimane e sospeso per un mese per un controllo risultato positivo alla fencamfamina, un prodotto stimolante della famiglia del Reactivan. «È la più grande *combinazione*[8] alla quale io abbia mai assistito» sospira Van Den Bossche, che condivideva la stanza con la maglia rosa durante quel Giro d’Italia. «Se voi sapeste come avvenivano i controlli all’arrivo... Una sorta di laboratorio ambulante dal quale i tifosi entravano e uscivano come volevano. C’era a volte almeno una dozzina di persone che non c’entrava niente là dentro. I campioni di urina non venivano nemmeno si-

[8] In italiano nel testo (N.d.T).

gillati in nostra presenza. Una mano malintenzionata poteva aggiungere qualsiasi cosa nella provetta. Savona, secondo me, è stata una vendetta.» La *bomba*[9] è arrivata fino alla Camera dei deputati in Belgio. La sua sospensione finirà per essere revocata in seguito a numerosi errori di procedura e Merckx sarà presente a Roubaix, alla partenza del suo primo Tour de France, il 28 giugno 1969.

Nella lista dei partecipanti, la squadra Faema ha selezionato un solo corridore italiano, Pietro Scandelli. La lezione della Vuelta del '68 non era stata dimenticata. Gli altri otto sono dei fiamminghi puri, che hanno firmato un patto ferreo a immagine di quello dei Cavalieri della Tavola Rotonda. Mintjens, Reybrouck, Spruyt, Stevens, Swerts, Vandenberghe, Van Schil e Van Den Bossche, impeccabili, hanno strizzato il peloton per tre settimane. «Nella Faema, ognuno aveva un ruolo preciso, immutabile, che riduceva a zero l'improvvisazione o il minimo imprevisto. Quanto a me, la mia specialità era la montagna» spiega Martin Van Den Bossche. Tuttavia, internamente, qualcosa andrà storto, un dettaglio che per lungo tempo ha gettato un'ombra sulla schiacciante dominazione di Merckx durante tutto quel Tour.

Ritorniamo sulla strada del Tour, il 15 luglio 1969. Durante l'ascensione del Tourmalet, il sole scambia le schiene dei corridori per delle incudini, e picchia. Più di cinquant'anni separano questa tappa nei Pirenei e la nostra visita a Martin Van Den Bossche, una di quelle mattine piovose e fredde che non hanno mai impedito a un fiammingo di andare in bici. Le interminabili ore passate con la spina dor-

[9] In italiano nel testo (N.d.T).

sale ricurva su un manubrio non gli hanno fatto abbassare la testa. E nemmeno le settimane di settanta ore di lavoro per il lancio di un'azienda di import-export di piastrelle. Un'attività commerciale, ora ereditata dal figlio, che si estende oggi su una superficie di 18.000 metri quadrati. La conversazione è rapidamente tornata sul Tour del 1969. La mattina che segue la vittoria di tappa di Raymond Delisle, avvenuta il giorno della festa nazionale con la maglia del campione di Francia sulle spalle, i membri della Faema hanno ripreso il controllo del Tour. Siamo ai piedi del Tourmalet e Van Den Bossche si è portato in testa. Senza nemmeno girarsi sa che Merckx lo segue a ruota e come d'abitudine, tornante dopo tornante, ha aumentato il ritmo, ancora e ancora, «fino a che ho smesso di sentire la gente che parlava o che si lamentava nel piccolo gruppo in fuga e ho capito che eravamo solo noi due, Eddy e io. Ci avvicinavamo alla cima, stavo per passare il Tourmalet ed ero in testa. Un momento importante nella storia di una vita. Noi scalatori, abbiamo tutti delle cime come questa che ci procurano una certa fierezza, un'emozione particolare. Per me, è il Tourmalet. Avevo l'impressione di averlo sconfitto quando, a duecento metri dal cartello, Eddy si è sganciato e senza degnarmi di uno sguardo mi ha piantato lì. È rapidamente scomparso in discesa».

Deluso, Van Den Bossche si è ripreso, un piccolo gruppo di inseguitori l'ha raggiunto mentre la maglia gialla entrava in quella che rimarrà eternamente una delle più belle pagine di gloria della sua carriera. «È stata solo una follia, una meravigliosa e nobile follia» avrebbe potuto estasiarsi Stefan Zweig se fosse stato testimone di questo colpo d'audacia a centoquaranta chilometri dall'arrivo. Il giorno seguente, sul giornale «L'Équipe», Merckx diventa «Merckxissimo» sotto la penna di Jacques Goddet che osa, per la prima volta, un paragone con il Campionissimo, l'indimenticabile Fausto Coppi: «Quello che Eddy Merckx sta facendo non l'avevamo ancora visto prima d'ora. Persino durante la sua grande epoca, Fausto Coppi non ha mai disputato un Tour simile. Merckx sarà un caso unico negli annali del ciclismo. Sono alla mia trentacinquesima edizione del Tour e ho dovuto attendere oggi per scoprirne il leader perfetto. Quante generazioni dovranno succedersi perché arrivi un nuovo Merckx? Il solo inconveniente di un fenomeno del genere è che riduce tutti gli altri al ruolo di comparse. Sono i primi della storia a confrontarsi con una tale individualità, senza precedenti nella storia di questo sport. Merckx non solo domina la sua generazione, è semplicemente fuori categoria». A Mourenx-Ville-Nouvelle, il primo gruppo di sconfitti, tra i quali si trova Van Den Bossche, ci arriva con un ritardo di 7 minuti e 46 secondi. «Ho lasciato il secondo posto a Dancelli in cambio di venti tubolari» scherza Martin.

La sera, in hotel, l'evolversi degli eventi della giornata ancora lo tormenta. Sta di nuovo rimuginando quando passa davanti alla camera di Merckx e, senza riflettere, bussa alla porta. Martin si rivede ancora mentre gli dice: «Oggi, il gregario che è in me si aspettava un piccolo gesto da parte del grande campione che è in te». Ma, subito, pensando a tutto quello che è successo nei giorni precedenti, Van Den Bossche finalmente capisce. Qualche giorno prima l'italiano Marino Basso, uno sprinter che corre per Molteni, l'ha messo a conoscenza della volontà del suo capo, Pietro Molteni, il re degli affettati, di ingaggiarlo con uno stipendio quattro volte superiore a quello che prende dalla Faema. «Per onestà ne avevo parlato a Eddy. Lui mi ha solo risposto che aveva un Tour de France da vincere, ma ho sentito che era arrabbiato.» Van Den Bossche assicura che, anche alla fine del Tour, Jean Van Buggenhout, personaggio centrale all'ombra di Merckx, un manager di polso che si occupava di ciclismo in Belgio e altrove, l'ha «convocato come tutti gli altri corridori per discutere del futuro. Alcuni sono usciti con degli stipendi quintuplicati, io non ho avuto la minima offerta. Il mio contratto era in scadenza, così me ne sono andato da Molteni. Ho realizzato che in questo modo ritrovavo anche la mia libertà. Quella mentalità da clan mi pesava. Se il capo ordinava una *gueuze*,[10] allora gli altri undici tizi ordinavano una *gueuze*. L'episodio del Tourmalet mi ha aperto gli occhi, ero solo capace di lucidare le scarpe e stare zitto. Avrei sperato in un po' più di riconoscenza, è soprattutto quello che mi ha dato fastidio. La decisione di raggiungere Marino (Basso) da Molteni è stata la migliore di tutta la mia vita. Quell'anno, in un paese del Sud Italia, ho conosciuto Antonia, che è diventata mia moglie. Eddy e io non abbiamo mai più riparlato di tutto quello che è successo. Per fortuna ho avuto tanti altri ottimi momenti nella mia carriera».

Con o senza la polemica che gli eventi di Savona hanno scatenato nel mondo del ciclismo, l'estate del 1969 sarebbe rimasta indimenticabile. Adamo, con il suo nuovo brano *À demain sur la lune*, in uno stile fisarmonica-balera, non sa quanto sia profetico: l'americano Neil Armstrong, a bordo del suo Apollo 11, prevede di posarsi sulla Luna il giorno dopo l'arrivo del Tour, il 20 luglio, una domenica, in cui un gioioso delirio ha preso il controllo di Bruxel-

[10] Tipica birra belga (N.d.T.).

les. Una decina di treni, un centinaio di pullman, migliaia e migliaia di auto prendono d'assalto Parigi. Era il tempo in cui Bruxelles sognava un successore di Sylvère Maes, «era il tempo in cui Bruxelles brusselava, il tempo in cui Bruxelles cantava».[11] A detta delle gazzette dell'epoca sono venuti in più di diecimila intorno al velodromo La Cipale, a Vincennes, per celebrare con un giorno di anticipo la festa nazionale belga. *La Brabançonne* risuona. Merckx lo sa che il testo è stato scritto da un francese, Louis Alexandre Dechet, e poi modernizzato da un altro francese, Charles Rogier? «*Après des siècles d'esclavage / Le Belge sortant du tombeau / A reconquis par son courage / Son nom, ses droits et son drapeau*».[12] Si direbbe quasi siano state scritte per lui. A questo ricordo, il volto di Martin Van Den Bossche si fa più scuro, la mascella si stringe fino a digrignare, l'emozione lo vince, soffoca un singhiozzo. Un istante dopo, tutto è scomparso.

Azzardiamo un'ultima domanda:

«Merckx, il campione, come lo definirebbe?».

«"Il più grande" non è abbastanza forte. Un campione mondiale, universale, forse. La parola è ancora da inventare.»

«E l'uomo?»

«Ho detto tutto. A volte possiamo non avere le stesse opinioni, ma Merckx è un amico. Non si tradiscono gli amici.»

[11] «*C'était au temps où Bruxelles brusselait, le temps où Bruxelles chantait*», Jacques Brel, *Bruxelles*.

[12] «Dopo anni di schiavitù / il Belga, uscendo dalla tomba / ha riconquistato con il suo coraggio / il suo nome, i suoi diritti e la sua bandiera» (N.d.T.).

La Cipale, due volte

> *«Quell'atmosfera mi esaltava. L'amicizia con qualcuno è come un grande amore. Non si sa mai bene perché, ti capita e basta.»*
>
> Italo Zilioli, gregario

Forse è necessario aprire una parantesi prima di raccontare la sesta stagione da professionista di colui che, a ventiquattro anni, è ormai diventato un membro cardine del peloton. Il 1969 è l'anno che segna definitivamente l'inizio di una nuova epoca, e legittima l'avanzamento di Eddy Merckx sulle strade delle Fiandre, Italia, Spagna e Francia. Il modo in cui ha sbaragliato la concorrenza durante il suo primo Tour de France è la prova che il ciclismo ha finalmente un suo fenomeno. I suoi avversari stanno già correndo all'ombra di Eddy Merckx e molto presto si disputeranno solo il secondo posto. Eppure, ci è mancato davvero poco che la sua carriera finisse bruscamente la notte del 9 settembre 1969, sulla pista di cemento del piccolo velodromo di Blois, dove il suo nome è sul programma insieme a quello di Jacques Anquetil, cinque volte vincitore della Grande Boucle.

È stato durante una gara dietro al Derny che si è verificata la tragedia. L'equipaggio davanti a lui crolla a terra e Fernand Wambst, l'allenatore, viene agganciato dalla piccola moto rimasta in mezzo alla pista e cade. Muore sul colpo, mentre Eddy Merckx crolla pesantemente sulla schiena quindici metri più avanti e sbatte con la testa contro un muretto di cemento. Bilancio: commozione cerebrale e lussazione del bacino. L'ha scampata bella. Portava un semplice casco in caucciù con un po' di schiuma all'interno. La lussazione del bacino è più fastidiosa di quanto sembri: «Dopo Blois, in montagna non ho mai più ritrovato il mio colpo di pedale abituale. La mia gamba sinistra è diventata meno potente, e un dolore lancinante mi obbligava a modificare di continuo la mia postura in bici».[13] E nonostante questo, il vero Merckx degli anni Settanta è già lì. Pronto all'uso. Se ormai, a quanto si deve credere, niente sarà più come prima, il ciclista di Bruxelles ha sempre lo stesso bisogno di spazio nel 1970, e sfide ancora più dure da accettare. Dopo il periodo delle Classiche, durante il quale si regala la Parigi-Roubaix, la Gand-Wevelgem, la Freccia Vallone, il campionato belga e il Giro, riaffermando così la sua supremazia, eccolo di fronte al Tour de France. Per un raddoppio che solo Fausto Coppi (1949 e 1952) e Jacques Anquetil (1964) hanno portato a casa prima di lui.

In altre parole: niente e nessuno può fermarlo. Come se, basandosi sul principio fondamentale di Machiavelli, il suo primo dovere fosse quello di essere forte e di cercare di aumentare la propria potenza. Chi mai potrebbe credere che sia ormai un uomo finito alla partenza a Limo-

[13] Johny Vansevenant, *Eddy Merckx: la biographie*, Racine, Bruxelles 2015.

ges il 27 giugno 1970? La sua squadra si chiama ora Faemino, la nuova marca di caffè solubile lanciata dall'italiano Carlo Valente, proprietario dei bar Faema, e, come per l'edizione precedente, i suoi gregari sono tutti belgi tranne Italo Zilioli, l'italiano che rimpiazza il proprio compatriota Scandelli. È ormai una costante per Merckx: i suoi compagni di squadra devono essere senza scrupoli, pronti a tutti i sacrifici e senza ego personale. Ed ecco che durante la seconda tappa, dopo una fuga durata centoquaranta chilometri tra La Rochelle e Angers, Zilioli vince la volata e lo priva della maglia gialla che indossa dall'inizio. Il capo è arrabbiato? Per scoprirlo, la cosa migliore era andare a trovare il colpevole che, buffo, era anche il suo compagno di camera durante quel Tour de France.

Questa ricerca mi ha condotto fino a Ruffia, un piccolo paesino piemontese di trecento anime, cinquanta chilometri a est di Torino, che profuma di fieno e, con i suoi campanacci, di allevamento. Cosa dire di qualcuno che spalanca le braccia invece di stringervi la mano e immediatamente si confida con voi? «Tra Eddy e me c'è stata subito una buona chimica» comincia Zilioli. «Ho vissuto e visto il sistema durante quegli anni. Tutti i leader, non appena iniziava la salita, si attaccavano a un gregario. Eddy, mai. Era al di sopra del sistema. Ovunque, su tutti i terreni. Fuori categoria. Il giorno in cui Vincenzo Giacotto, il manager italiano della Faema, mi ha chiesto se fossi interessato a fare il gregario di Merckx, gli dissi che se fosse stato necessario sarei andato fino in Belgio in bici per firmare il mio contratto. Ho fatto solo una stagione con loro, ed è stata la più bella esperienza della mia carriera. Non ho mai più provato le stesse emozioni da nessun'altra parte. Io pedalavo bene quand'ero felice, e l'amicizia porta felicità. Queste cose non si spiegano. Mi ricordo che tutti erano felici di essere lì. Quell'atmosfera mi esaltava. L'amicizia con qualcuno è come un grande amore. Non si sa mai perché, succede e basta.»

Chi potrebbe non andare d'accordo con una persona così, che parla appassionatamente di cucina, suona splendidamente il repertorio di Piaf alla fisarmonica, ride sempre, ama la bici e non nasconde nulla riguardo la famosa tappa La Rochelle-Angers? «Era necessario andare in fuga per avere il controllo, io ero davanti, mi sono alzato in piedi e ho accompagnato un piccolo gruppo. In piano c'era gente molto più alta e molto più forte di me per proteggere Eddy. C'era anche Vandenberghe con me. Ci siamo detti che per far lavorare gli avversari di Eddy la cosa migliore era pedalare. Non c'è stata alcuna polemica nonostante quello che ha raccontato Driessens, il nostro direttore sportivo. Le parole di Eddy sono state, al contrario, gentili: "Tranquillo, Italo. Non sono arrabbiato, ricordati solo che centoquaranta chilometri di fuga sono un grande sforzo e che il Tour è ancora lungo".»

Qualche giorno più tardi, sul pavé, in direzione di Valenciennes, la maglia gialla buca. Una suggestiva foto mostra Zilioli, con una ruota in mano, mentre aspetta l'ammiraglia che tarda ad arrivare mentre il treno Faemino, senza degnarlo di uno sguardo, scivola verso l'arrivo. «Lo so, quella foto ha fatto parlare molto. Foratura o meno, l'ordine è stato ristabilito. La squadra doveva essere intorno a Merckx, io ero semplicemente qualcosa che era successo all'interno della strategia. Se ci pensiamo bene, quella maglia gialla alla fine non è mai uscita dalla nostra stanza, da Limoges a Parigi. La sera, a tavola, c'era una bella atmosfera. Ero seduto vicino a Eddy che mi traduceva il fiammingo. Da Gimondi, con il quale ho fatto diverse stagioni, l'aria era molto più seria e triste, e anche più nervosa. Succedeva spesso che a fine cena Eddy picchiasse con le dita sul tavolo, imitando il tam-tam dei tamburi, e tutti quanti lo imitassero. Era un tam-tam di guerra.» Zilioli non si è mai lamentato. «Fare parte di quella cerchia imponeva una disciplina e un rigore che non permettevano nessun rilassamento. Ci hanno comparato alle legioni romane di Giulio Cesare, ed è il miglior complimento che io abbia mai sentito.»

Il piemontese è ancora più riconoscente per il fatto di essere stato scelto come compagno di camera del "grande capo" anche perché soffre di sonnambulismo e può svegliarsi urlando a ogni ora della notte. «Mi è successo una volta durante quel Tour del '70. Mi sono messo in piedi sul letto urlando "Al fuoco! Al fuoco!", ho aperto la porta e sono scappato in corridoio. Eddy si è svegliato, mi ha abbracciato come un padre avrebbe fatto con il suo bambino e con calma mi ha aiutato a rimettermi a letto. Come avrei potuto poi non comportarmi in modo esemplare sulla strada? Con la forza del cuore, si fanno grandi cose.»

Tra Limoges e Parigi, il brussellese si prende la parte del leone: otto tappe, il premio del miglior scalatore, classifiche della combinata e della combattività.

«Papà, chi è questo Merckx di cui tutti parlano?» ha chiesto Brigitte Raymond, otto anni, un giorno in cui era andata a salutare suo padre, Christian, ex compagno di squadra della maglia gialla e grande battutista.

«È un signore che non lascia niente da mangiare agli altri.»

«Allora è un cannibale» ha concluso la bambina.

Le leggende sono ancora più belle quando nascono negli occhi dei bambini. Merckx ne farà la sua carriera. Ma in montagna, il Cannibale vola di meno e la sua pedalata è meno fluida. Più e più volte durante la gara dovrà far regolare il suo reggisella per avere un po' di sollievo dal mal di schiena. Da buon osservatore, Martin Van Den Bossche, suo vecchio compagno di squadra passato al nemico, non ha nemmeno bisogno di essere a conoscenza di questo dettaglio per sapere se per la maglia gialla sarà una buona giornata oppure no: «Lo conoscevo a fondo ed ero in grado di capire subito quando non era in forma. Prima della partenza, quando si mostrava troppo amichevole, quando stringeva mani e si perdeva in chiacchiere, sapevo che la gamba non era buona. Lo intuivo persino dalla maniera in cui era pettinato. Allora spingevo sui pedali. E ricominciavo. A me, nessuno aveva concesso nulla l'anno precedente». Van Den Bossche non spingerà abbastanza forte da batterlo in cima al Mont Ventoux che Merckx scala per la prima volta con al braccio la fascia a lutto, in omaggio a Vincenzo Giacotto, venuto a mancare la sera prima. La gara a distanza dei due corridori belgi terminerà dopo l'arrivo dell'ambulanza del medico del Tour, il dottor Dumas, nella quale l'uno e l'altro, vicini allo svenimento a causa della mancanza di ossigeno, sono tenuti sotto osservazione.

La vecchia guardia francese – Poulidor, Aimar, Pingeon – naufraga durante questo Tour, così come Jan Janssen, mentre Gimondi ha direttamente preferito rimanere a casa. Una generazione di giovani lupi ne ha approfittato per mettersi in mostra. Nessuno conosce ancora abbastanza Joop Zoetemelk, ventiquattro anni, vincitore del Tour de l'Avenir 1969 che, per il suo primo Tour, a Parigi arriva secondo. Una performance che l'olandese ripeterà sei volte su sedici presenze prima di riuscire a toccare il Graal nel 1980, a trentaquattro anni. Al momento, l'emergere di giovani francesi si limita ad alcune vittorie di tappa, ma la domanda si pone: e se tra di loro si nascondesse colui che un giorno sbarrerà la strada a Eddy Merckx? I diplomati in questione sono: Cyrille Guimard (1ª tappa), Alain Vasseur (8°), Bernard Thévenet (18°), Christian Raymond (19°) e Jean-Pierre Danguillaume (22°). La cosa più interessante è che in questo pacchetto figura effettivamente quel certo Thévenet, ventiduenne, bravo in montagna e non malvagio nelle prove a cronometro. Gaston Plaud, direttore sportivo di Peugeot, l'ha avvertito solo tre giorni prima della partenza, non potendo fare altro. Il borgognone sa di avere qualche chilo di troppo e valuta la propria condizione come «piuttosto mediocre» per una gara da tre settimane come il Tour. Qualche ricordo personale viene a galla: «La primissima volta che ho visto Merckx – che non fosse nella foto che era appesa in camera nostra al Battaglione di Joinville – è stata nel 1966, prima di un criterium, vicino a casa mia. Insieme ai miei genitori siamo andati a incontrarlo al ristorante, a due chilometri da Guidon, il paesino dove abitavamo».

C'è stata un'altra prima volta, ma in bici, alla partenza del Gran Premio di Monaco nel 1970, all'inizio della stagione, e ancora un'altra al Mont Faron, una cronoscalata, un mese dopo. Questo aneddoto Thévenet potrebbe quasi inquadrarlo: «Plaud mi ha fatto partire tra i primi, poi si è alzato un vento fortissimo e quindi ho tenuto il miglior tempo fino alla fine. È stata la mia prima vittoria tra i professionisti. Merckx aveva avuto un problema a un passaggio a livello ed era caduto». Come poter immaginare il seguito, sulla salita del Tourmalet, un 14 luglio nella nebbia e sotto la pioggia? «Quando ho attaccato ai piedi del Tourmalet, ero certo che nessuno pensasse che avessi qualche possibilità, perché non ce ne è stato neanche uno che si sia mosso. Non sono mai andato così a fondo nella sofferenza. È talmente difficile vincere una tappa del Tour che quando succede non si può dimenticare. L'ho saputo il giorno di La Mongie che avrei fatto carriera e che avevo finalmente il mio posto nel peloton.»

L'indomani, Eddy Merckx ha tessuto le sue lodi durante la conferenza stampa. Senza nemmeno immaginare che, cinque anni più tardi, quella figura alta e riccioluta, che portava i favoriti come i suoi, gli avrebbe impedito di aggiungere un sesto Tour de France al suo palmarès.

Orcières-Marsiglia-Menté

«Per duecentocinquanta chilometri Merckx, Huysmans e Wagtmans si sono urlati addosso in fiammingo per incoraggiarsi a vicenda. Per cento chilometri sono stato sul punto di cedere. Non avevamo nemmeno il tempo di chiedere una borraccia. Se ci si spostava un po', si rischiava di essere lasciati indietro.»

Robert Bouloux, in fuga nella tappa
Orcières-Marsiglia

Il Tour è il momento degli eroi, per eccellenza. L'edizione del 1971, da Mulhouse a Parigi, ne è la perfetta dimostrazione. Più di cinquant'anni dopo, tornano sempre le stesse parole: dramma, follia, incoscienza. Perché nel comportamento di un eroe c'è sempre una parte cieca, irrazionale, una sorta di istinto più forte di lui, qualcosa al quale non può sottrarsi. Ma andiamo al cuore del discorso.

Per questo dramma in tre atti, magnificamente architettato, la storia ha scelto due avversari modello. Nell'angolo destro, Eddy Merckx, già due volte vincitore del Tour, del titolo campione del mondo e di Monumento a palate, accerchiato da una squadra che manovra come uno Stato maggiore. Nell'angolo sinistro, Luis Ocaña, con nel palmarès una Vuelta e una sola vittoria di tappa nel Tour, ma ha appena vinto il Giro di Catalogna e il Giro dei Paesi Baschi, e viene presentato come il candidato favorito come successore di Eddy Merckx. Ed è, prima di tutto, il suo irriducibile nemico.

La trilogia Orcières-Marsiglia-Menté del Tour 1971 rimane nella leggenda come Sainte-Marie-de-Campan e la forcella di Eugène Christophe o il Puy-de-Dôme e il duello Anquetil-Poulidor. L'azione, che si svolge dalle Hautes Alpes ai Pirenei, passando per la valle di Champsaur, è tanto romanzesca quanto il soggetto: la conquista della maglia gialla. Joop Zoetemelk, che ha privato Merckx della santa tunica a Grenoble, dove Bernard Thévenet ha vinto la decima tappa, non ha spostato di una virgola l'attenzione dalla vera battaglia: Merckx contro Ocaña. I toni si sono fatti più accesi in seguito alla vittoria dello spagnolo al Puy-de-Dôme, dove ha anticipato Merckx di quindici secondi, relegandolo poi due giorni dopo a un ritardo di 1 minuto e 36 secondi approfittando di una foratura. Jean-Claude Genty, suo compagno di squadra nella Bic, in prima fila in questo Tour, lo dice chiaramente: «"Quell'altro coglione", è così che Luis chiamava Merckx a volte, era sicuro che alla fine avrebbe potuto "farselo". Ha costruito la sua carriera su questa rivalità. Era al tempo stesso la sua ossessione e la sua paura costante. Doveva battere Merckx, ma lo temeva. Luis aveva un caratteraccio ed era testardo in un modo inimmaginabile. Era coraggioso, molto spagnolo, aveva le palle. Non cedeva mai». Forse per autoconvincersi, alla minima occasione prometteva, croce sul cuore: «Cazzo, gliela faccio mangiare quella bici, a quel coglione del Cannibale». Secondo altre testimonianze, avrebbe spinto questa rivalità fino al punto di chiamare Merckx il suo cane e divertendosi a dargli ordini: «Merckx, seduto. Merckx, zampa».[14] Ascol-

[14] *Eddy Merckx: la biographie*, op. cit.

tare gli attori di quest'epoca è anche riscoprire due personaggi fuori dal comune, due caratteri opposti, due scuole di vita, due maniere di vedere il ciclismo. I loro ritratti in cinque parole potrebbero essere: perfezionismo, lavoro, esigenza, audacia, coraggio per Merckx; focoso, generoso, appassionato, ribelle, disperato per Ocaña. Ci sono quelli che dicono che Ocaña avrebbe vinto se non fosse caduto e altri che sostengono che Merckx abbia recuperato il suo ritardo perché lo spagnolo era sfibrato. Le due fazioni sono inconciliabili sulla questione.

Prima di cominciare con il primo dei tre atti principali di questo Tour, tra Grenoble e Orcières, l'8 luglio 1971, è importante notare che c'era stato un cambiamento in Merckx. Ormai, teneva sempre una brugola nella tasca della maglia per aggiustare lui stesso durante la gara il reggisella e calmare il mal di schiena. Le conseguenze della sua caduta sono irreversibili, lo sa. Ne soffrirà fino alla fine della carriera. Tra la sua roba, si è curato di portare circa una decina di paia di scarpe, una dozzina di bici e ha fatto limare dal suo meccanico un pedale di qualche millimetro in modo da ottenere una simmetria perfetta.

Un'altra osservazione ancora la meritano i rispettivi compagni di squadra. Senza di loro, questo duello omerico non avrebbe mai raggiunto tali vette e per dovere di cronaca dobbiamo qui citarli tutti. Con la maglia della Molteni, con pantaloni scamosciati e cintura blu scuro, diretta da Giorgio Albani: Joseph Bruyère, Jos Huysmans, Frans Mintjens, Jos Spruyt, Julien Stevens, Roger Swerts, Victor Van Schil, Herman Van Springel e Rini Wagtmans. Con la maglia della squadra Bic, in arancione e bianco, della quale Maurice De Muer è direttore sportivo: Roland Berland, Francis Ducreux, Jean-Claude Genty, Charly Grosskost, Bernard Labourdette, Désiré Letort, Leif Mortensen, Johnny Schleck e Alain Vasseur.

Giovedì 8 luglio, undicesima tappa, Grenoble-Orcières. Cielo limpido. Eddy Merckx non è di buonumore. Il giorno precedente una foratura durante la discesa dal Col du Cucheron l'ha distanziato dal gruppo di testa. Lucien Van Impe, che sarà il re della montagna a fine tappa, testimonia: «Quando Ocaña si è reso conto che Merckx non c'era più, ci ha detto: "Forza, bisogna pedalare. È la nostra possibilità". Al Col de Porte, Merckx non è riuscito a recuperarci». Ma ciò che infastidisce di più Merckx non è tanto il vedere Zoetemelk in giallo, no, sono stati «gli urli, i gesti d'insulto del pubblico sul Col de Porte» confida al giornalista belga Louis Clicteur. Fino al velodromo di Grenoble, dov'è stato accolto da un concerto di fischi. L'inizio della Francia antiMerckx continuerà per lungo tempo e non farà che peggiorare. La tappa di Orcières, lunga centotrentaquattro chilometri, è un campo minato. Le pendenze al diciotto per cento della Côte de Laffrey, dove i camion Berliet vanno a testare i loro sistemi di frenata, segnano subito i limiti di Merckx. Ha capito subito che sarebbe stata una vera giornataccia. Si risvegliano dei dolori allo stomaco. Si trova in grande difficoltà, «in agonia», secondo le sue stesse parole. Nessun miglioramento significativo più avanti, sulle salite del Col du Noyer, mentre Ocaña in testa realizza il più grande numero della sua carriera, spettacolo annunciato il mattino alla partenza. Roland Berland, uno dei suoi gregari, lo vede ancora mentre si rivolge a tutta la squadra: «Bene, oggi lo metto in ginocchio. Berland, Grosskost, mettete il peloton in fila indiana fino ai piedi della Côte de Laffrey. Lì attacco, e chiudo questa faccenda».

«Attenzione, attaccare va bene,» fa notare Berland «ma non dimenticare che dalla cima del Laffrey ti mancano ancora cento chilometri all'arrivo.»

«Questo non è un tuo problema, è il mio» risponde Ocaña.

Era serio e completamente diverso da come lo faceva a volte, con un tono un po' più triviale, quando ci spingeva dicendo: «Forza, somari, in marcia!».

Jean-Claude Genty, colpito, aggiunge: «Non l'avevo mai visto così. Non sapeva tirare, Luis, ma aveva comunque della classe, un istinto bestiale, un orgoglio smisurato. Attraverso la sua resistenza e le sue rivolte incarnava una forza immensa. Quel giorno lì è stato al di sopra di Merckx». Per tutti i quindici chilometri della salita verso Orcières, il gruppo rimane nella scia di Merckx, da solo, senza un solo compagno di squadra. Anni dopo, Merckx riparlerà di quella tappa come di «un incubo, avevo l'impressione che tutto il gruppo avesse dei conti da regolare con me e che si fossero messi d'accordo per farmi perdere».[15] Sempre Genty ricorda un'immagine che non dimenticherà mai: «La nobiltà di un uomo stroncato, ma di grande dignità. Anche quando stava male, Merckx manteneva un'aria da gran signore. A un certo punto mi sono ritrovato dietro di lui e l'ho visto piangere. Vi assicuro, piangeva, non ho sognato».

Il bilancio è pesante. All'arrivo, Merckx è dietro di 8 minuti e 42 secondi. Ocaña si dice che finalmente ha preso il lupo per le orecchie. Chi potrebbe pensare che il più grande colpo della storia del Tour avverrà l'indomani a

[15] *Ibid.*

Orcières, durante la giornata di riposo prima di ripartire verso Marsiglia? Raccontare i fatti, semplicemente, è anche aprire la porta alla passione e al partito preso. Ascoltiamo uno dei protagonisti, Rini Wagtmans, gregario di Merckx, per meglio immergerci in questa atmosfera da filibustieri. Wagtmans è il cervello dell'operazione "riconquista", e sarà un sostegno fondamentale per il suo leader. In bici, "Rini" per tutti, sa fare ogni cosa: tirare, scalare e soprattutto scendere. Durante gli incontri di inizio stagione l'ha dimostrato. Pedalare sulla ruota dietro per centinaia di metri, un gioco da bambini. Pedalare un chilometro al contrario, o contorcersi passando il busto sotto il telaio sono altre due sue specialità. Potrebbe sfidare l'uomo di gomma. Grazie alle sue insistenze, Merckx e i Molteni sono andati in ricognizione sulla discesa di Orcières, due volte in bici, una volta in macchina. Hanno notato che le prime venti curve sono molto strette, molto tecniche. La decisione è presa. Non appena la bandiera verrà abbassata, saranno in quattro a lanciarsi nella discesa lunga una quindicina di chilometri. Gli altri faranno dei diversivi nei paraggi della maglia gialla in modo che non si insospettisca.

Sabato 10 luglio, dodicesima tappa, Orcières-Marsiglia. Fa un caldo asfissiante. Nell'editoriale di Jacques Goddet, il direttore del Tour, si parla di «atmosfera sahariana». Wagtmans, che oggi divide il suo tempo tra il *sunshine State* vicino a Miami e il suo Brabante settentrionale dove è nato, racconta: «Avevo tirato dentro altri bravi discesisti. Van der Vleuten, un amico, era stato avvisato: "Se vuoi venire in fuga con noi, domani, non dimenticare il paracadute". A pochi minuti dalla partenza, faccio un cenno a Ocaña che stava parlando con dei giornalisti in fondo al gruppo, contro le barriere. Mi ha risposto con un altro cenno della mano. Merckx, Huysmans e Stevens erano nascosti sui lati. Lévitan non aveva nemmeno finito di abbassare la bandiera che avevo già fatto cento metri, con Eddy in scia». Un fremito percorre il gruppo, si pesta sui pedali, ci si aggrappa. Troppo tardi. Quando Ocaña alza la testa, i primi sono già cinquecento metri più in basso. Jean-Claude Genty conferma: «Non c'era più il gruppo, ma solo dei corridori ovunque. Le cadute hanno rallentato Luis, che è caduto a sua volta senza conseguenze gravi. Ha forato almeno tre volte nella prima ora. Ed è servita un'altra ora per organizzare l'inseguimento». Davanti, Robert Bouloux, che pure non aveva paura di niente in discesa, ha avuto un buon riflesso: «Vedendo Wagtmans, mi sono gettato in avanti ma lui era già avanti di due tornanti. In fondo, ero ancora a cinquanta metri di distanza. Mi ci è voluto un chilometro per chiudere il buco. Ero in sprint. E per duecentocinquanta chilometri, Merckx, Huysmans e Wagtmans si sono urlati addosso in fiammingo, per incoraggiarsi. Sono stati gli unici a tirare. Sono stato al limite per cento chilometri. Con la canicola, non avevamo nemmeno il tempo di chiedere una borraccia. Se ci si spostava un po', si rischiava di essere lasciati indietro».

Il limite che separa la follia dalla temerarietà è molto sottile. Ma con otto minuti da recuperare, rischiare l'impossibile era l'unica regola. Sul Vieux Port, il vantaggio dei nove in fuga – Aimar, Armani, Bouloux, Letort, Paolini, Van der Vleuten e i tre Molteni – non è che 1 minuto e 56 secondi. Ma che ritmo! Più di 46 km/h di media, e un'ora e mezza di vantaggio sul miglior tempo. Le barriere protettive non sono state nemmeno montate tutte e Gaston Defferre, il sindaco di Marsiglia che avrebbe dovuto consegnare la maglia gialla, è ancora su un aereo, che è appena atterrato a Marignane. Per Merckx le cose non vanno benissimo. Ma chi se ne importa. «Combattere per una pagliuzza quando l'onore è in gioco è da sempre (l'espressione è di Amleto) proprio della natura eroica.» Ed è quella la natura di Eddy Merckx. Così come è anche la natura di Luis Ocaña, nessuno gli può negare questa qualità. Dopo l'arrivo, Wagtmans ha continuato a tenere d'occhio la maglia gialla. «Nell'inseguimento era stato aiutato da una buona parte del peloton, ma volevo sincerarmi del suo stato fisico e mi sono stupito vedendo che due persone lo sostenevano mentre si dirigeva verso il podio, dove ha ancora avuto bisogno di aiuto per salire. Allora ho avuto la certezza che non fosse finita. Aveva consumato molte più forze di quanto non pensasse. Conosco bene Ocaña, quello che è sempre fiero, e quel giorno non era più lo stesso.»

Lunedì 12 luglio, quattordicesima tappa, Revel-Luchon. Il meteo annuncia temporale. Prima di arrivare a Luchon, 214 chilometri più in là, bisognerà scalare il Col de Portet-d'Aspet, quello di Menté e il Col du Portillon. Il piano dei Molteni è teso al recupero di Luis Ocaña, ancora in maglia gialla. Lo spagnolo può contare su un gioco di alleanze per non perderla. Il gruppo che tirava per Luis verso Marsiglia comprendeva i Flandria di Zoetemelk e i Mercier di Guimard, «al quale Ocaña aveva promesso la maglia verde se avesse collaborato» aggiunge Wagtmans. Di conseguenza, Merckx e il suo clan non hanno altra scelta. Devono passare all'offensiva e superare i colli a tutta velocità. Sulle prime salite di Menté, lo scaltro Rini Wagtmans nota che a ogni suo scatto Ocaña viene distanziato di dieci o venti metri e tutte le volte ci mette un po' di più a recuperare il distacco. Nota anche i grandi aloni biancastri sotto le ascelle della maglia gialla: «Aveva perso molti sali minerali, non avrebbe potuto tenere quel ritmo per duecento chilometri».

Sulla strada del Menté il termometro tocca già i 30 °C. I tuoni che rimbombavano lontani adesso sono molto vicini. Di temporali, be', ne hanno già affrontati altri. Ma come quello che gli cadrà addosso, brutale, d'un umore selvaggio, mai. Robert Bouloux si rivede su quella strada dell'apocalisse: «In un minuto si è scatenato un diluvio di acqua e grandine. La strada diventa un torrente impazzito che trascina fango, rami e ghiaccio. Ogni volta che lo racconto lo rivivo». Bernard Thévenet ricorda: «Eravamo quasi in cima, il cielo è diventato nero, sembrava notte. Si è alzato il vento e subito dopo il temporale. Un temporale violento, cattivo. La strada era scomparsa. È stato uno dei momenti più pericolosi della mia carriera. Una delle rare volte in cui ho avuto paura». Merckx ha già preso una ventina di metri di vantaggio su Ocaña, e continua. «Non riuscivamo più a frenare» prosegue Joop Zoetemelk. «Dovevamo usare i piedi per non cadere, ma con quei ruscelli di fango scivolavamo comunque, la bici era incontrollabile. Alla fine della discesa, le mie scarpe erano completamente deformate, sembravano delle pantofole.» All'improvviso, il dramma. In una curva a gomito, praticamente impossibile da tenere, Merckx cade. Si sbuccia un ginocchio contro una roccia, ma riparte subito. Ocaña è meno fortunato. Cade nello stesso punto, si rialza, si accorge che la ruota davanti ha dei raggi rotti e non vede che Zoetemelk ha perso l'equilibro e gli sta arrivando addosso in aquaplaning. L'impatto è violento. Agostinho trova il modo per cadere di nuovo sulla maglia gialla, che è a terra e si contorce dal dolore. Ancora Thévenet: «Ho visto la maglia gialla a terra e, se un meccanico non mi avesse bloccato, gli sarei caduto addosso. La sera, durante i massaggi, ripensiamo a quelle scene. Perché Ocaña ha corso tutti quei rischi? Più tardi, ho scoperto che il percorso della gara, dal lato spagnolo, passava in un piccolo paesino dove avevano vissuto i suoi genitori. La fierezza, la vanità possono portare lontano. Ma se cambi il carattere delle persone queste non sono più le stesse e se lui non avesse avuto dentro di sé quell'orgoglio, forse non avrebbe attaccato in quel modo nella tappa di Orcières».

Il giorno dopo, «L'Équipe» fa notizia con l'indimenticabile *Il Tour fulminato* e, nella sua cronaca, Antoine Blondin saluta l'abbandono di Luis Ocaña con quel magnifico: *Quando il sole ci lascia due volte*. Più di cinquant'anni dopo, Jean-Claude Genty, il fedele gregario, non ha cambiato opinione: «È stato il suo orgoglio a farlo perdere. Non avrebbe mai dovuto cercare di inseguire Merckx. A volte era molto maldestro in discesa e ho sempre avuto questo dubbio, che anche se non fosse caduto, non credo sarebbe riuscito a battere Eddy». In campo Molteni, non c'è nessun dubbio, solo certezze: «Luis ha sempre avuto delle giornate no nei grandi Tour. Era al limite delle forze e sarebbe comunque esploso. Quella caduta gli ha garantito un'uscita onorevole»,[16] dichiara

[16] Patrick Cornillie, Johny Vansevenant, *Les hommes de Merckx. L'histoire de Faema et de Molteni*, Éditions de Eecloonaar, 2007.

Wagtmans. Quanto a José Manuel Fuente, vincitore a Luchon dopo essere arrivato fuori tempo massimo a Marsiglia – poi ripescato non senza polemiche, come tutta la squadra Kas –, era innervosito dal fatto che nessuno fosse interessato a lui. «Ve ne pentirete» aveva minacciato il corridore asturiano. «Domani metterò tutto il peloton fuori tempo massimo.»

Mancavano cinque tappe fino a La Cipale, abbastanza per i Molteni per presentare il conto a chi si era alleato contro Merckx. Il grande sconfitto si chiama Cyrille Guimard, al quale Ocaña aveva promesso la maglia verde, il cui ottenimento diventerà una questione d'onore per il Cannibale. Un ventaglio tra Mont-de-Marsan e Bordeaux, con l'aiuto dei gregari Roger Swerts e Julien Stevens, e il caso è chiuso. Su Guimard, Merckx commenterà ironico: «La sua maglia dev'essere rimasta impigliata in un pino, da qualche parte nelle Lande». Quest'attitudine bulimica varrà sempre più critiche al Cannibale, ma Jacques Goddet al contrario se ne rallegra: «La competizione è questo, è la ricerca di conquiste e non le piccole concessioni fatte alla massa comune». Il quasi tre volte vincitore del Tour sapeva anche gestire la concorrenza, ogni tanto. È così che Jean-Pierre Danguillaume, il futuro capitano di strada di Bernard Thévenet, ne approfitterà durante la diciottesima tappa tra Bordeaux e Poitiers: «Dopo il Pont d'Aquitaine, Eddy mi si è avvicinato: "Oh, tu con quella ruota dietro così leggera e il tubolare da 180 grammi stai tramando qualcosa. Mi dovrai scusare ma uno dei miei compagni di squadra si occuperà del tuo caso"».

A Ruffec, a settanta chilometri dall'arrivo, il corridore della Turenna riesce a rimanere nel gruppo in fuga e, come promesso, ha Jos Spruyt alle calcagna. Danguillaume:

«L'arrivo era stato tracciato su una pista di atletica e sapevo che per vincere era necessario entrarci in testa. Avevo bisogno di quella vittoria. Mia moglie mi aveva detto che mi rimanevano solo 54 franchi sul conto e ne dovevamo 4000 al muratore. Ho chiesto a diversi degli uomini in fuga se volessero tirarmi sull'ultimo chilometro, ma ho preso solo due di picche. Non ne rimaneva che uno, Spruyt, e l'ho avvicinato: "Joseph, tu corri per me ora?". Senza discutere, si è messo al lavoro e ho vinto. La sera eravamo nello stesso hotel della Molteni e ho chiesto a Merckx quanto gli dovessi per la spintarella. "Questo riguarda solo voi due, mi ha detto", quindi ho dato una banconota a Spruyt che ha aggiunto, stringendomi la mano: "La prossima volta costerà molto più caro"». Maglia verde, maglia gialla, classifica della combinata, quattro vittorie di tappa: per la sua prima stagione nella Molteni, il contratto è ampiamente rispettato.

Quell'anno, in un angolo sperduto del dipartimento della Côtes-d'Armor, un adolescente scopre la sua passione per la bicicletta. Viene da Yffiniac. Per tirare su quattro soldi, il weekend lavora in un benzinaio. Presto riesce a guadagnare abbastanza da comprare a suo fratello Gilbert la sua bici Gitane. A Planguenoual, una domenica di primavera, disputa la sua prima gara. Il giorno seguente, il giornale «Ouest-France» consacra un quartino di pagina alla prima vittoria di Bernard Hinault.

La Cipale, la quarta

«Luis era l'uomo della primavera e del Tour. Eddy era l'uomo delle quattro stagioni. La cosa più notevole era che correva per vincere tutto, non per allenarsi come alcuni fanno al giorno d'oggi.»

Roland Berland, due volte campione di Francia, gregario di Ocaña

Vincendo il Tour del 1972, la sua quarta vittoria di fila (1969, 1970, 1971, 1972), Eddy Merckx eguaglia Jacques Anquetil (1961, 1962, 1963 e 1964). Il normanno ha già conquistato la sua quinta (1957), il belga non ancora. Il ritorno del match Merckx-Ocaña, interrotto bruscamente nel 1971 dopo l'abbandono dello sfidante nei Pirenei a causa di una caduta alla quattordicesima tappa, subisce lo stesso epilogo nel 1972: malato, Ocaña non è alla partenza della quinta tappa. Quell'edizione, da Angers a Parigi, alla quale non partecipa alcuna squadra spagnola, è flagellata dal brutto tempo. Temporali, vento e temperature che alcuni giorni a fatica superano i 13 °C. Tutte cose che il campione spagnolo detesta, compreso un piccolo accenno di bronchite che degenera in un'infezione polmonare. Dopo questo abbandono, non rivedremo più Ocaña per così dire fino a fine stagione. E anche se in quei tre giorni si era piazzato secondo nella classifica generale, all'ombra di Merckx, il suo vecchio capitano della Bic,

Roland Berland, afferma: «Non ho mai percepito potesse vincere quel Tour, non era in forma, l'ha subìto dall'inizio alla fine, al contrario del Tour 1971 dove ho visto un grande, grande Ocaña».

«Merk, Merk, Merk (così pronunciava il suo nome), cos'ha più degli altri? L'avrò. Lo metterò in ginocchio.» È nei momenti di collera, quando il sangue gli ribolle nelle vene, che lo spagnolo di Mont-de-Marsan si mostra come un grande campione, nella sua versione dell'Orcières del 1971, la sua apoteosi. Si arrabbiava sovente con «quel selvaggio che attacca tutto il tempo», il suo miglior nemico che conosceva il suo temperamento e, provocatore, rincarava la dose, «cosa che faceva arrabbiare ancora di più Luis» si ricorda Berland, «non erano in molti quelli che osavano sfidarlo pubblicamente in quel modo».

Il due volte campione francese dell'epoca (1972 e 1979) solleva un altro problema: il suo carattere, che probabilmente ha anche ostacolato il grande obiettivo della sua carriera. «Luis era un ragazzo degli estremi. Un giorno euforico, il giorno dopo poteva sprofondare nell'ansia o nella disperazione, e quando bisogna spostare un menhir di quelle dimensioni (Merckx) che ti sbarra la strada, diventa complicato. Ma c'è una cosa che non gli si può negare, l'energia enorme che ha tirato fuori per batterlo. Era l'uomo delle azioni eroiche, Luis. E, a Orcières, era molto simile al grande Merckx.»

Nel giocare a questo passatempo da ricreazione per gli adulti, del tipo "Chi è il più forte?", Ocaña aveva un grande ostacolo che Merckx non aveva: la salute. «Ocaña era più fragile, aveva bisogno di sole» ricorda a proposito Berland. «Luis era l'uomo della primavera e del Tour. Eddy era l'uomo delle quattro stagioni. La cosa più notevole era che correva per vincere tutto, non per allenarsi come alcuni fanno al giorno d'oggi.» Il loro orgoglio non verrà ferito con la stessa violenza com'era successo durante il Tour del 1971. Merckx rinuncerà a quello del 1973 e Ocaña, dopo il suo Tour di gloria di quell'anno, dichiarerà forfait a causa di una frattura al gomito nel 1974.

Torniamo al Tour 1972. Prima di presentarsi ad Angers da grande favorito, il 1° luglio, Merckx non è rimasto con le mani in mano: oltre al suo terzo Giro, ha vinto la Milano-Sanremo e la Liegi-Bastogne-Liegi, due Classiche Monumento alle quali ne aggiungerà una terza a fine stagione, il Lombardia. E come se ci fosse bisogno di inventarsi una nuova sfida, volerà a Città del Messico per battere il Record dell'ora (49,431 km/h). Risultato: cinquanta vittorie in centosette giorni di gare. Semplicemente mostruoso. Parlare delle fatiche di Ercole in bici è più appropriato. Nessuno ha mai fatto di meglio.

Nel 1972, quindi, Merckx è alla sua ottava stagione e non ha mai tolto il piede dall'acceleratore dal suo debutto professionale nel 1965. Si sa che la forza si manifesta soprattutto nei lavori di ampio respiro. Si sa anche che, dopo la sua stagione su strada, ha già preparato la successiva: l'inverno della Sei Giorni, da Gand a Berlino, da Maastricht a Grenoble, da Anvers a Milano. Ma ci sarebbe anche un'altra spiegazione, genetica. Il giornalista belga Rik Van Puymbroeck abita a Meensel-Kiezegem, nel Brabante fiammingo, a venti chilometri di distanza da Louvain, lo stesso paesino dove il giovane Édouard Louis Joseph Merckx nasce il 17 giugno 1945, una domenica appena prima di sedersi a tavola, in una casa dai muri di mattoni rossi in via Tieltsestraat. I Merckx ce l'hanno ancora in famiglia. È attraverso l'intermediario di uno dei loro cugini di secondo grado, Rémi Roskins, che il giornalista del «Bahamontes» ha ottenuto questa informazione: «Il nonno materno di Eddy, un certo Theophiel Pittomvils, aveva una forza erculea. Con una sola mano era in grado di sollevare un sacco di granaglie da cento chili, e di caricarlo sul rimorchio del trattore. Come non dedurne che di tutta la potenza e la resistenza che Merckx ha sviluppato nel corso delle stagioni, con centocinquanta giorni di gare su strada e notti invernali passate nei velodromi, per vincere e vincere sempre, non ne abbia ereditata in parte da questi geni?».

Quando il gruppo arriva nei Pirenei e affronta l'Aubisque, non è Merckx ma Guimard che è in giallo. Ocaña è già indietro di quasi tre minuti. Durante questa tappa, corsa sotto la pioggia e al freddo, il portatore della maglia indaco e gialla del campione di Spagna è caduto nella discesa dal Col du Soulor, trascinando con sé Alain Santy e Bernard Thévenet. Il primo è stato portato via in elicottero, il secondo ha sbattuto la testa contro un muretto provocandosi una brutta ferita e non sa più in quale gara si trova. «Ho passato un brutto momento» ricorda Thévenet. «Sono ripartito come un automa. Non ho perso conoscenza, ma ho perso la memoria, se ne è cancellata una parte. Fino al mese di febbraio riuscivo a orientarmi, i ricordi tornavano, dopo c'era un buco nero. D'istinto, mi sono girato verso la macchina Peugeot della mia squadra, ho visto i banner del Tour de France incollati al parabrezza e mi sono detto: "Ma cos'è venuto in mente a Gaston per uscire con la macchina del Tour?". Quindi gli ho chiesto: "Siamo al Tour de France?". "Sì." "Sul serio, Gaston. Dove siamo, che gara è?" Nel mentre, frugo nelle tasche della mia maglia e tiro fuori il foglietto con il profilo altimetrico della tappa. Vedo che oggi dobbiamo scalare l'Aubisque, ma in realtà è già dietro di noi. Ho finito come ho potuto, piangendo e sempre con i pensieri annebbiati. Il dottor Brossard, che mi ha ricucito, mi ha detto che ho subito un trauma cranico. E io ho pensato: "Meno male che non abbiamo dovuto fare l'Aubisque, se no sarebbe stato complicato".»

Dopo una notte in osservazione all'ospedale, il corridore della Borgogna può ripartire. «"Non dovrebbe" mi ha detto il medico. "Se sente che le gira la testa, deve abbandonare immediatamente." Ed ecco come ho salvato il Tour del 1972 con due vittorie di tappa di seguito, al Ventoux e al Ballon d'Alsace.»

In gara, Merckx ignora ogni sentimentalismo. All'ex giornalista Joël Godaert che un giorno l'aveva interrogato sul suo bisogno irrefrenabile di impilare vittorie, ha risposto: «I regali si fanno a Natale, non in una gara di ciclismo».

Il campione belga è sul punto di portare a casa il suo quarto Tour de France e la sua seconda doppietta Giro-Tour, raggiungendo Fausto Coppi, che poi supererà due anni più tardi imponendosi di nuovo al Giro d'Italia e al Tour de France per una tripletta storica, mai più eguagliata. Se è stato sovente dipinto come un «corridore instancabile, bulimico, ossessivo, rabbioso»[17] sarebbe più corretto dire che Merckx ha nutrito per il ciclismo una

[17] *Dictionnaire amoureux de la Belgique*, op. cit.

passione folle, divorante, che l'ha completamente monopolizzato e che l'ha portato istintivamente a compiere imprese straordinarie: Mourenx, Marsiglia, Tre Cime di Lavaredo, Città del Messico. Si potrebbe anche aggiungere Mendrisio, Liegi, Roubaix, Sanremo... La lista è troppo lunga.

Porta la maglia gialla dalla diciottesima tappa, il caso sembra chiuso, anche se non esattamente perché vuole anche la maglia verde della classifica a punti, ancora sulle spalle di Guimard alla diciassettesima tappa. Che i due uomini non vadano d'accordo non è un segreto, ed è ancora peggio da quando l'anno prima, tra Orcières e Marsiglia, Guimard si è schierato apertamente dalla parte di Ocaña. Il belga non ama i cospiratori. Gli rimangono tre tappe per cancellare la quarantina di punti che lo separano da quella tunica verde, ma gliene servirà una sola. Guimard ha corso un buon Tour – ha vinto quattro tappe, portato la maglia gialla per sette giorni, battuto Merckx in una volata in montagna, nel Revard –, ma abbandona tra Pontarlier e Auxerre con un ginocchio ridotto in poltiglia. Sul podio, il quattro volte vincitore della Grande Boucle è circondato da vecchie glorie: secondo Felice Gimondi, trent'anni, vincitore nel 1965; e terzo Raymond Poulidor, trentasei anni, alla sua sesta presenza sul podio (ne conterà otto alla fine della sua carriera).

Ma c'è una sorpresa che aspetta il campione belga alla fine del giro d'onore della Cipale. Félix Lévitan, il direttore del Tour, gli si avvicina e indica Guimard, in abiti civili all'arrivo. Il seguito, Merckx lo racconta così: «Mr. Lévitan mi ha chiesto se volessi regalare la mia maglia verde a Guimard. Ero un po' sorpreso, ma mi ci sono prestato. Non c'era nessuna simpatia da parte mia e non mi piace il gesto che nelle foto mi vede dare la maglia verde a Guimard. È tutta commedia. Con quella maglia, che ho vinto io, ha partecipato a tutti i criterium post Tour».[18]

Qualche tempo prima di tutto ciò ad Arras, nel dipartimento del Pas-de-Calais, si è svolta la finale del Premier pas Dunlop, l'antenato del campionato di Francia Junior. Vi partecipa anche il neocampione di Bretagna. Si distacca dal peloton e percorre in solitaria i sessanta chilometri restanti all'arrivo, dove si impone con una manciata di secondi di vantaggio. Il giorno seguente, sul giornale «La Voix du Nord», Jean-Marie Leblanc, giornalista, futuro direttore del Tour de France, consacra il titolo di testa al vincitore: Bernard Hinault.

[18] *Eddy Merckx: la biographie*, op. cit.

La Cipale, l'ultima

«Ho dovuto lottare così tanto, combattere per questa maglia gialla e fare molti sacrifici...»

Eddy Merckx

Alla fine della primavera del 1974 sono fioccate le domande: è in declino? È la sua fine? Ha un problema di salute?

Dal 1966, Eddy Merckx ha sempre vinto una o più Classiche all'inizio della stagione: Milano-Sanremo, Giro delle Fiandre, Parigi-Roubaix, Liegi-Bastogne-Liegi, ci sono tutte, con il Lombardia in chiusura. Quell'anno, invece, non ha potuto fare di meglio di un quarto posto al Giro delle Fiandre e a Roubaix si parla, a sottintesi, della fine del suo regno. Il Cannibale ha indicato come causa una «bronchite» e una «ricaduta». Abbastanza perché non si presenti alla Milano-Sanremo e alle Classiche delle Ardenne. Come spiegazione più approfondita a uso dei pessimisti l'interessato ha aggiunto: «Arrivo, non vi preoccupate».

La continuazione della sua stagione è ben lontana da quella di un convalescente. Per la prima volta, Eddy Merckx concatena Giro d'Italia, Giro di Svizzera e Tour de France e si impone in tutti e tre. Al Giro, Merckx incappa in un grande José Manuel Fuente, detto "El Tarangu", ovvero "l'impetuoso" nel patois delle Asturie: un soprannome fatto su misura e passato di padre in figlio. A proposito di lui, Merckx ha sempre detto che fosse «uno scalatore imprevedibile, quello che temevo di più a causa della violenza delle sue partenze». Quindi, durante quel Giro d'Italia, il capo della squadra spagnola Kas, scatenato, maglia rosa per undici giorni, vincitore di cinque tappe e della classifica scalatori, spinge la provocazione fino a legare un fazzoletto alla sua manica destra per indicare che è sul piede di guerra e che non si piegherà. «Anche noi a volte facevamo fatica a gestirlo. Faceva solo di testa propria e non si fidava di nessuno, tranne delle sue gambe. Si fidava solo del suo istinto» riferisce Gonzalo Aja, uno dei suoi compagni di squadra originario di Santander, amico e famoso scalatore a sua volta.

Quando siamo arrivati a casa sua, Aja stava per uscire in bici sulle strade della Cantabria. Un rituale che dura da cinquant'anni. Cinque volte a settimana si regala due ore di libertà attraverso monti e lungo le piccole strade selvagge della costa. «Me lo chiede la testa, il mio corpo ne ha bisogno, sono felice in questo modo.» In quel famoso 1974, anche lui, Aja, sfida Merckx sulle strade di montagna d'Italia, Svizzera e Francia. «El Tarangu si era messo in testa che avrebbe vinto quel Giro così montuoso, ma non solo vincerlo, voleva vedere Merckx in ginocchio. "Lo lascerò dietro di un quarto d'ora." Era la sua ossessione. Non l'avevo mai visto così in forma come durante quel giro. Era meglio di Merckx, meglio di tutti. C'era quasi e noi anche. La sera prima dell'ultima lunga tappa nelle Dolomiti, ci ha riuniti nella sua camera per dirci come sarebbe dovuta andare. Avrebbe attaccato subito e noi, nel peloton, avremmo dovuto proteggerlo stando in scia a Merckx. Avevamo già fatto i conti e ci eravamo già divisi i soldi. Ce n'era abbastanza perché ciascuno si comprasse un appartamento. Fuente ha attaccato come ci aveva detto, ma a venti chilometri dall'arrivo, improvvisamente è rimasto immobile sulla strada, svuotato di tutte le sue forze e i nostri appartamenti sono svaniti. Abbiamo dovuto spingerlo perché finisse la tappa. Merckx era arrivato da un quarto d'ora.»

È durante questo Giro che Merckx aveva appreso della morte di Jean Van Buggenhout, il suo manager di sempre, la sola persona che osasse dirgli: «Ti dico cosa fare, non cosa ti piacerebbe fare». Questa brutta notizia l'aveva molto scosso, come l'aveva fatto nel 1970 la scomparsa di Vincenzo Giacotto, personaggio chiave nella carriera del campione belga, perché senza di lui non ci sarebbe mai stata la campagna d'Italia, nove stagioni da Faema a Molteni, una più sbalorditiva dell'altra. Per lui, Van Buggenhout «non era un padre, né un amico con il quale ti confidi ogni volta che c'è un problema. Jean era una sorta di guida che si occupava di tutto, dei contratti, delle finanze, dei compagni di squadra. Noi dovevamo solo pedalare. Quando è morto, mi è crollato il mondo addosso».

Il Giro di Svizzera sarà invece più tranquillo, con la vittoria finale e tre vittorie di tappa. Al tempo stesso, il brussellese aveva avuto la conferma che la formazione Kas, anche senza Fuente, era comunque una macchina da competizione di cui avere paura. Miguel María Lasa, Vicente López Carril, José Antonio González Linares, Gonzalo Aja e Txomin Perurena erano quelli che nel gergo vengono chiamati dei "guerrieri", forti su ogni tipo di terreno, sempre pronti a stare in testa. Ne daranno prova sulle strade del Tour del 1974: López Carril terzo, Aja quinto, Perurena miglior scalatore e la Kas in cima alla classifica a squadre. In Svizzera, un accordo tattico era stato siglato tra Eddy Merckx, pretendente della classifica generale, e gli spagnoli, che puntavano ai premi e alle vittorie di tappa: gli interessi di uno favorivano gli interessi economici degli altri e viceversa. Nessuno ha dimenticato l'esperienza del Giro, «un disastro per il portafoglio» scherza Aja. Grazie alle montagne svizzere, gli scalatori della Kas avrebbero potuto rifarsi e così è stato. «Niente è gratuito» continua il corridore di Santander. «Nessuno mi ha regalato la tappa a cronometro in salita all'inizio di questo Tour, e nemmeno la tappa regina a Bellinzona. Mi ricordo che il vincitore riceveva un lingotto di cioccolato di un chilo e un vero lingotto d'oro. Merckx avrebbe voluto comprarcelo, ma non c'è stato verso. Per non avere noie alla dogana, l'abbiamo depositato nella cassaforte di una banca francese. Valeva circa mezzo milione di pesetas. L'anno successivo, l'oro ha avuto un tracollo e il lingotto non valeva che la metà. Ci siamo divisi quello che rimaneva.»

Merckx sembra aver ritrovato salute e buonumore prima di fare rotta verso Brest, città di partenza del Tour 1974. L'ascesso perianale che l'aveva infastidito in Svizzera è guarito. I dottori gli hanno assicurato che la cicatrice è bella. Come non essere sereni? In più gli avvenimenti gli hanno spianato la strada per la vittoria finale: Ocaña (frattura al gomito), Zoetemelk (frattura cranica) e Van Impe (frattura del polso) sono assenti, e Thévenet è rallentato dalle conseguenze di una forma di herpes preso alla Vuelta. Il suo rivale numero uno si chiama Raymond Poulidor, trentotto anni, ancora in prima linea. Forse il suo quinto successo su cinque presenze, visto l'impasse del 1973, è stato il più facile, o se non altro il meno complicato? Così si potrebbe pensare, visto quanto ha marchiato il territorio: venti giorni in giallo e otto vittorie di tappa. Raymond Poulidor l'aveva sì distanziato in montagna, al Pla d'Adet, ma a cinque giorni da Parigi il suo vantaggio sul francese è ancora di sei minuti. Il Tour è diventato il suo terreno di gioco. Cinque maglie gialle, tre maglie verdi, trentadue vittorie di tappa, un totale che passerà a trentaquattro l'anno successivo. Il suo record di tappe resisterà imbattuto per mezzo secolo, fino a quando il britannico Mark Cavendish, famoso velocista della metà degli anni Duemila, vincitore della Milano-Sanremo nel 2009 e campione del mondo su strada nel 2011, ne vince una trentacinquesima nel 2024. In volata, *of course*, come tutte le altre, e dopo quindici presenze. Un secondo coronamento all'età di trentanove anni. Già membro dell'Ordine britannico, arriverà al sacro Graal nel giugno 2024 quando viene nominato Cavaliere commendatore dell'Impero britannico dal principe William, al castello di Windsor. L'uomo dell'isola di Man, dalle 165 vittorie, può fregiarsi del titolo di *Sir*, come il suo compatriota Sir Bradley Wiggins, vincitore del Tour de France 2012.

Ma torniamo a quello splendido mese di luglio 1974. Interrogato a proposito della sua oltraggiosa dominazione, quella sensazione di appartenenza del Tour, Merckx si mostra più pacato e tempera l'entusiasmo di Théo Matthy, suo compatriota: «Ho dovuto lottare così tanto, combattere per questa maglia gialla e fare molti sacrifici...». La stampa lo interpreta come una forma di rispetto per gli avversari. La realtà è ben diversa. A proposito di questo Tour 1974, Merckx ha rischiato di perdere tutto. In Svizzera, più e più volte, lo hanno visto tirare fuori la famosa brugola dalla tasca della maglia e regolare il reggisella. Sempre quei dolori alla gamba e alla schiena, conseguenze remote ma tenaci della caduta di Blois, nel 1969. Senza rendersene conto, ha compensato: ha adottato una posizione scorretta. Così l'indurimento, diventato ulceroso, ha dovuto essere operato. Un colpo di bisturi una settimana prima della partenza per il Tour de France, per quanto modesto possa essere, non è insignificante. Quello che nessuno dei suoi rivali saprà mai, nel corso delle tre settimane, dalla Bretagna a Parigi passando per l'Inghilterra, è che la cicatrice si è riaperta. Sanguina abbastanza perché il suo pantaloncino sia macchiato all'arrivo delle tappe. Il fedele e rimpianto Jos Huysmans, compagno di squadra della prima ora, è categorico: «Fortunatamente il clima era caldo e secco. Se Eddy avesse dovuto fare metà del Tour sotto la pioggia, penso che la ferita si sarebbe infettata e...». Tutte le sere, la maglia gialla sarà costretta a delle abluzioni alle quali aggiunge un antinfiammatorio per alleviare il dolore.

Un altro episodio, meno conosciuto, o addirittura completamente ignorato, è entrato nella storia di quel Tour 1974. Gonzalo Aja, secondo in classifica generale a partire dall'undicesima tappa, è la sorpresa dello chef. Lo dimostra sui colli di Salève, al Ventoux e al Galibier. Si è anche tirato indietro su alcune salite per lasciar passare in testa il suo grande amico, il rimpianto Perurena. Sulle note di un brano ben conosciuto, la carovana del Tour si è chiesta: «*Mais qui c'est celui-là, qu'est-ce qu'il fait, qu'est-ce qu'il a...*».[19]

All'uscita dalle Alpi, Aja è alle calcagna di Merckx. Cinque giorni dopo, il peloton dovrà affrontare i Pirenei. Lo spagnolo ne è certo: «È lì che ci si gioca il Tour. È lì che lo vincerò». E poi un mattino, al risveglio, trova un biglietto che qualcuno ha fatto scivolare sotto la porta della sua camera. Rimarrà per sempre impresso nella sua memoria: «"Se continui, avrai dei problemi seri. Torna a casa." Per qualche giorno allora due gendarmi hanno montato la guardia di notte nel corridoio del mio hotel, fino a quando non siamo giunti alla grande tappa dei Pirenei che aspettavo dall'inizio del Tour. Cinque colli: Canto, Bonaigua, Portillon, Peyresourde e Pla d'Adet. Li avevo cerchiati in rosso sul mio programma di gara. Ho dimenticato le minacce. Ero sereno. Quando ti svegli lo senti se le gambe sono buone. Avevamo percorso solo cinque chilometri dalla partenza da Seo de Urgel quando un corridore italiano mi è venuto violentemente addosso di fianco. Ho sbattuto contro la parete rocciosa e sono caduto di sedere. Le radiografie hanno individuato una frattura al sacro. Il mio Tour è diventato un calvario. "Se ci ricadi sopra," mi ha detto il dottore "rischi di rimanere invalido. Cosa fai, continui o torni a casa?" Ho passato delle notti in cui ho dormito tre, quattro ore al massimo a causa del dolore. Ma a Parigi sono comunque arrivato quinto».

[19] «Ma chi è questo qua, cosa fa, che cos'ha...», *Qui c'est celui-là?*, Pierre Vassiliu, 1973 (N.d.T.).

Quando Merckx diceva di aver «faticato seriamente e averne viste di tutti i colori in montagna» sapeva quello di cui parlava. E il suo gesto sulle salite di Saint-Lary-Soulan, dove aveva gettato la bicicletta per prenderne un'altra, la diceva lunga. Ferito nel fisico, messo alla prova in montagna, il colpo fatale non era lontano.

Un detto popolare afferma che il Tour de France è fatto per i "Giganti della strada". Ed è così vero che per il grande pubblico non ci sono più i Merckx, Anquetil, Thévenet, Ocaña, Zoetemelk, Poulidor, ma solo dei Giganti. Wladimiro Panizza, 6° al Tour 1974 è un Gigante. Come lo sono stati, prima di lui, Franco Balmamion, 12° nel Tour del 1970, Marino Basso (82°) e Giacinto Santambrogio (53°) nel Tour del 1972. O come lo diventeranno Giovanni Battaglin, Pierino Gavazzi, Fabrizio Fabbri, Roberto Poggiali e, ovviamente, Francesco Moser, futura grande star transalpina, che arrivò 7° nella generale e primo nella classifica giovani al suo esordio nel Tour del 1975, privando Eddy della maglia gialla, battendolo di due secondi al prologo di Charleroi. Jean-Luc Molinéris, primo Tour de France nel 1974, che ha vinto una tappa e poi ha abbandonato alla ventesima, malato, anche lui è un Gigante. Durante tre settimane, il giovane di Cannes è rimasto estasiato. Al suo debutto il padre, Pierre Molinéris, nativo di Caraglio, una città del Piemonte, amico di Coppi e vincitore di una tappa con la maglia della squadra del Sud-Est nel Tour '52, l'ha mandato a farsi le ossa sul pavé e sui cordoli vicino a Maertens, Demeyer, Godefroot, Pollentier e Dierickx, nella Flandria. Non c'era modo migliore per imparare a sgomitare e a farsi rispettare. La sesta tappa di questo Tour 1974 arriva in Belgio, a Harelbeke, un autentico feudo *flahute*.[20] Sul finale, vede Merckx in persona neutralizzare tutti coloro che cercano di raggiungere Ludo Delcroix, uno dei suoi, e Michel Pollentier in fuga. «Quando Merckx lo decideva, nessuno poteva uscire dal peloton» assicura Molinéris. «Era chiaro, voleva favorire Delcroix, il suo compagno di squadra. Mancavano circa venti chilometri, mi sono detto che era allora o mai più e mi sono giocato il tutto per tutto. Nel preciso momento in cui mi alzo sui pedali, Merckx gira la testa, mi vede, fa come per saltarmi in scia ma poi si risiede subito. Ha forse pensato che non sarei stato in grado di raggiungere Delcroix e Pollentier? Penso piuttosto che mi volesse bene e che mi abbia lasciato un biglietto d'uscita. È un gesto che non potrò mai dimenticare. Qualche tempo dopo, entrerò nella sua squadra. Non gli ho mai chiesto nulla a riguardo, preferisco scrivere io stesso la fine di questa storia, è più bella così.»

Eddy Merckx ha appena raggiunto Jacques Anquetil nel Pantheon dei cinque volte vincitori del Tour. A cosa pensa durante il suo ultimo giro d'onore della Cipale, dove il Tour non tornerà più? A una sesta vittoria? Non è da escludere. Questo modo che ha di cominciare una cosa e già pensare a un'altra, come se il suo futuro ne dipendesse, è uno dei fondamenti del merckxismo. Percepire che il tempo non si ferma, inseguirlo, superarlo perfino: dopotutto, finora ha avuto ragione. Perché cambiare metodo? A causa della sua campagna delle Classiche fallita in

[20] Termine gergale che indica una persona originaria del Nord della Francia, in questo caso un fiammingo (N.d.T.).

primavera? Il 25 agosto 1974, a Montréal, sul circuito del Mont Royal, diventa campione del mondo per la terza volta davanti a Raymond Poulidor, secondo, come al Tour. È tutto in regola per un sesto.

Non molto lontano da lì, Bernard Hinault, ventenne, è diventato il campione di Francia di inseguimento con delle ruote prestate da Daniel Morelon, il pluricampione del mondo e olimpico di velocità. Alla Route de France, il bretone vince la dura tappa di montagna. Sul podio, Louison Bobet si congratula calorosamente. Anche per lui, comincia una nuova vita.

Pra Loup

> *«Per essere un grande campione, bisogna passare all'Izoard con addosso la maglia gialla. Così hai già fatto la metà del lavoro.»*
>
> Louison Bobet, tre volte vincitore del Tour de France (1953, 1954, 1955)

Eddy Merckx non vincerà una sesta volta il Tour de France. L'edizione del 1975, prettamente montana con ben cinque arrivi di tappa in cima a dei colli, ha chiuso la questione. A luglio, quest'idea ha animato il mondo del ciclismo. Luis Ocaña, Joop Zoetemelk, Bernard Thévenet, Lucien Van Impe e ovviamente Eddy Merckx renderanno il Tour al tempo stesso esaltante e toccante, avvincente e patetico. Il cinque volte campione del Tour inizia la sua undicesima stagione professionale, senza preoccuparsi della propria età – trent'anni – e continua a girare il mondo come i grandi esploratori di un tempo. Centocinquanta giorni di gare nel 1974, altrettanti alla fine dell'anno in corso. Rifiuta di guardare la ruota del destino che gira. L'idea non lo sfiora nemmeno. In primavera, ha realizzato il suo più bel raccolto di Classiche: Milano-Sanremo, Giro delle Fiandre, Liegi-Bastogne-Liegi, Amstel Gold Race, senza dimenticare le due menzioni speciali Parigi-Roubaix (2°) e Freccia Vallone (3°). Quest'energia inesauribile, questa volontà inarrestabile lo conducono ai piedi della sua piramide, alla quale vuole aggiungere un sesto Tour de France, e magari anche un settimo.

La verità è che dopo quella bella campagna delle Classiche ha scelto di disputare il Giro d'Italia e saltare il Tour, il cui profilo altimetrico alquanto spinoso non lo entusiasma. Ma un'angina pectoris, un'infezione dei bronchi e la febbre alta lo obbligano a rinunciare al Giro due giorni prima della partenza da Milano. Il Tour torna a essere una priorità. La Freccia del Brabante lo preparerà al Giro di Romandia (14°), al Giro del Delfinato (10°) e al Giro di Svizzera (2°), dove è obbligato ad arrendersi all'evidenza: nella difficile tappa di montagna del Delfinato, Thévenet gli ha lasciato un conto salato di undici minuti. I venti giorni che rimangono non basteranno a saldarlo.

A Charleroi, alla partenza del Tour 1975, un giovane italiano, Francesco Moser, alla sua prima presenza al Tour ma non così debuttante (ha vinto la Parigi-Tours ed è arrivato secondo alla Parigi-Roubaix del 1974), lo batte nel prologo e gli soffia la maglia gialla per due secondi. Tutti sanno com'è andata a finire: ventuno giorni più tardi, Bernard Thévenet sfila in giallo sugli Champs-Élysées, e sarà per sempre il primo ad aver detronizzato il Cannibale. Per tutta la Francia, che aspettava questo momento dalla vittoria di Roger Pingeon del 1967, il buono ha vinto sul cattivo. I francesi non ne potevano più di questo Merckx bulimico, che arraffava ogni cosa, insaziabile. Nel corso degli anni sono arrivati addirittura a detestarlo, finché la natura umana non ha sbandato e un cretino ha commesso l'irreparabile durante la salita al Puy-de-Dôme.

«Mi hanno sputato addosso, tirato dei sassi, insultato, fischiato e dopo tutto ciò c'è stata l'aggressione. Allora ho capito che ero davvero in pericolo e che un Paese intero non voleva che vincessi».[21] Dopo la sconfitta a Parigi, il giornalista Robert Janssens riporterà questa confidenza sorprendente: «Ora che ho perso, mi applaudono e mi incoraggiano come se improvvisamente avessi tutte le qualità per essere uno di loro».

Quando un Tour de France come questo si gioca sul confine tra finzione e colpi bassi, i pettegolezzi che si propagano sono incontrollabili e hanno la meglio anche sulla realtà. Così, le alleanze stipulate lungo la strada da Maurice De Muer, l'uomo che ha trasformato la squadra Peugeot, per il campo Merckx hanno (e non *avrebbero*) permesso la vittoria di Thévenet. Quel violento pugno al fegato sferrato da quello spettatore idiota durante la salita al Puy-de-Dôme è (e non *sarebbe*) all'origine del suo fallimento nella salita verso Pra Loup. A questa seconda affermazione si potrebbe ribattere che sul terribile Col d'Allos, qualche chilometro prima, il campione belga sbaragliava la concorrenza senza accusare alcun male. In quanto alla prima affermazione, a proposito di quelle famose «spintarelle tra amici», è vecchia almeno quanto lo è il Tour. Se Moser ha ammesso a «La Gazzetta dello Sport» di essere stato complice in qualche occasione dell'équipe Peugeot, era solo per dire a Merckx che non lo apprezzava: «Vado dove mi porta il mio interesse. Loro sono venuti a parlare con la Filotex, mentre non ho visto nessuno della Molteni».

[21] *Eddy Merckx: la biographie*, op. cit.

La realtà dei fatti è più razionale: le gambe di Thévenet giravano più velocemente di quelle di Merckx. Il corridore della Borgogna l'ha dimostrato sull'Izoard e lì le circostanze o le alleanze non c'entrano niente. La sua grande fortuna è senza dubbio quella di aver avuto al suo fianco un direttore sportivo più furbo di una volpe, un condottiero, uno stratega capace di fare il lavaggio del cervello a chiunque. Cosa che si traduce, nelle parole di Thévenet, così: «Senza Maurice De Muer non so se avrei osato prendere tutte quelle iniziative e soprattutto al momento giusto». Il Tour non sarebbe il Tour se non ci fosse un po' di dramma. La sfortuna non viene mai da sola, dice il proverbio, e dopo il pugno al Puy-de-Dôme c'è stata la Valloire. Il gruppo non ha ancora lasciato la zona di inizio tappa e pedala a non più di 10 km/h quando la caduta più inverosimile e stupida di sempre sbatte Eddy Merckx a terra. La causa è una manovra di Ritter. Il bilancio è pesante: doppia frattura mascellare superiore sinistra e setto nasale fratturato. Mancano sei giorni di gara, ma abbandonare non è cosa: «Era il mio modo per omaggiare la devozione dei miei compagni di squadra che hanno lavorato come dei forsennati perché io vincessi. Senza contare che se avessi abbandonato il Tour avrebbero perso un sacco di soldi, perché ero comunque secondo, e avrei davvero avuto la sensazione di tradirli».

La classifica del Tour 1975 si ribalta con una simmetria perfetta durante la salita di Pra Loup, nel dipartimento Alpi dell'Alta Provenza. La sera della quattordicesima tappa, quella del Puy-de-Dôme, Eddy Merckx è ancora maglia gialla ed è davanti a Bernard Thévenet di 58 secondi. All'arrivo della quindicesima tappa, a Pra Loup, lo scarto tra i due uomini è sempre di 58 secondi ma si legge al contrario: 1° Thévenet, maglia gialla, 2° Merckx a 58 secondi. Cosa si ricorda il corridore della Borgogna di quegli istanti magici sulla strada di Pra Loup, di quel primo podio in giallo, della scalata dell'Izoard il giorno dopo, cosa ne rimane cinquant'anni più tardi?

Un mattino di febbraio, al Café de la Gare di Grenoble, prima dell'ora di punta, Bernard Thévenet e io siamo faccia a faccia, con il mio registratore pronto a fare il suo lavoro. Sono solo cinque minuti che parliamo e lui ha già infilato la sua maglia della Peugeot, bianca a scacchi, pettorale 51. Si sente, ha fretta di partire per quella quindicesima tappa. Sono cinque i colli da scalare – La Colmiane, Couillole, les Champs, Allos e Pra Loup. Li conta sulle dita e rievoca quella pressione che fa chiudere un po' la gola. Io taccio, lui racconta. Il vincitore del Tour de France 1975 ha gli occhi che brillano: «Devo premettere che dopo il Delfinato, dove l'avevo battuto, non vedevo più Merckx come un marziano ma come un corridore normale, ridisceso tra noi. Secondo i piani di De Muer, il mio ritardo doveva essere inferiore ai due minuti e mezzo ai piedi dei Pirenei. Contratto rispettato: Merckx era in giallo e io dietro a due minuti. A Fleurance, durante il primo giorno di riposo, Merckx aveva detto ai giornalisti: "Il mio avversario più pericoloso si chiama Thévenet". E quando papà Merckx ti metteva una taglia sulla testa, era serio. Notava tutto nei suoi avversari: i tubolari sottili, i rapporti, le ruote leggere. Niente gli sfuggiva e il più piccolo errore si pagava in minuti. Ci sono state alcune falle nel nostro piano di battaglia. Avrei dovuto attaccare sul Col d'Allos, ma niente è andato come previsto: una foratura sulla discesa sterrata del Col de la Couillole mi ha rallentato. Raymond Delisle, mio compagno di squadra, mi ha aiutato a ricongiungermi al gruppo. Avevo, però, sprecato molte energie nell'inseguimento e non ho potuto attaccare sulla salita del Col d'Allos. Merckx ha visto subito che non ero riuscito a recuperare ed è stato lui ad attaccare, a ottocento metri dalla cima. Ho poi rivisto le immagini della discesa di Eddy dall'Allos, è qualcosa di fenomenale, d'irreale, pura follia. La macchina della Bianchi è caduta in un fosso, le moto gli ordinano di rallentare e lui al contrario si butta in avanti ancora più veloce. In quello stesso istante, soffro di un momento di ipoglicemia, ho le gambe molli, non ho più forza, incapace di stare al passo. Mi prendo un attimo per mangiare qualcosa. Le gambe rimangono molli. Ai piedi del Pra Loup devo avere qualcosa come un minuto e dieci secondi di ritardo, e sono arrabbiato.

«Ho raggiunto Van Impe e Zoetemelk e li ho superati. Ho ritrovato una buona energia. Sentivo gli spettatori che mi urlavano i secondi di scarto, sempre meno, e ho iniziato a credere che avrei potuto raggiungerlo prima della cima. All'improvviso, uscito da un tornante, sotto i miei occhi c'era la macchina della Molteni. Subito ho pensato fosse una trappola da loro orchestrata per farmi rallentare ma no, Eddy era lì, schiacciato sulla sua bici. Ancora rivedo in mezzo a una curva una lastra di catrame fuso. Eddy ha tagliato la curva all'interno, io tutto a sinistra, per evitare il catrame e soprattutto perché non mi si mettesse a ruota. Non immaginavo potesse piantarsi in quel modo. Perché non si era mai piantato.

«Ho continuato a spingere. Sapevo che davanti c'era ancora Gimondi. L'ho raggiunto a un chilometro dall'arrivo. Uno dei più duri di tutta la mia carriera, quell'ultimo chilometro. Eravamo tutti al limite, tutti uguali alla fine. È stata una questione di coraggio. All'arrivo, riverso sulla mia bici, senza fiato, non ho nemmeno sentito lo speaker che annunciava che ero maglia gialla. È stato Jean-Claude Vincent, il nostro meccanico, che me l'ha detto, e subito ho pensato: "Che ca... domani dovrò riuscire a tenerla". Ci siamo ritrovati sul podio, Eddy e io, entrambi con la maglia gialla – è stato buffo. C'era un caos indescrivibile su quel podio: erano saliti i giornalisti, c'era gente che urlava, i flash che ti accecavano, non si capiva dove potessimo metterci e ci è mancato poco che non cadessi dal palco. Vi immaginate i titoli: *La nuova maglia gialla si frattura la clavicola cadendo dal podio*. Eddy si è congratulato, e sono sicuro fosse sincero. Con il tempo, avevo imparato a conoscerlo, posso quasi dire che andavamo d'accordo e che ci apprezzavamo a vicenda. Ma sapevo anche che con lui non è mai finita e che avrei avuto bisogno di un'altra impresa eroica l'indomani. La prima sera,» lo racconta anche nella postfazione «andando in bagno a notte fonda, vedendo la maglia gialla sullo schienale di una sedia illuminato dai raggi della luna mi sono chiesto: "Ma guarda, perché Eddy ha messo la sua maglia gialla nella mia stanza?". Mi ci è voluto del tempo per realizzare e per imparare a gestire tutta quella pressione. Una sera, un giornalista di "France-Soir" è sbarcato nella mia stanza alle 22 e l'ho ricevuto.

«La tappa del giorno seguente era corta. Il Tour si vinceva o si perdeva all'Izoard. Mai ho visto così tanta gente fino alla Casse Déserte. Un mare di persone, con giusto uno stretto passaggio in mezzo alla strada. Se non avessi avuto una guardia repubblicana in moto ad aprirmi la strada, avrei avuto bisogno di un paio di ali per passare. Incontro ancora delle persone che mi dicono: "Noi c'eravamo, è stato fantastico, magico. Grazie". Ho rischiato di andare in crisi tanto ero emozionato. All'arrivo, Merckx è dietro di più di tre minuti. Il giorno dopo, alla partenza, Louison Bobet è venuto a stringermi la mano. È uno dei miei primi idoli, Louison. Mi sono molto ispirato a lui leggendo e rileggendo il suo libro, *En selle*. E là, guardandomi negli occhi, tira fuori questa frase: "Per essere un grande campione, bisogna passare l'Izoard con la maglia gialla addosso. Tu hai già fatto metà del lavoro".

«Quel Tour 1975 mi ha cambiato la vita. Le persone non mi hanno più visto come "Nanard", il mio soprannome, ma come il vincitore del Tour de France e il giustiziere di Eddy Merckx. Ho imparato una grande lezione, soprattutto ripensando alla prima settimana. La maggior parte degli striscioni erano per Poulidor, il resto per tutti gli altri. Nella mente delle persone noi non esistevamo nemmeno. Quando ho vinto la maglia gialla, tutto è cambiato. Poulidor me l'ha fatto notare durante una tappa: "Be', adesso ce ne sono solo per te". Da quest'esperienza in poi ho capito che la gloria non ti appartiene. Appartiene ai tuoi tifosi. Sono loro che fanno sì che tu sia visto come un grande campione oppure no».

Bernard Thévenet lo è diventato, Bernard Hinault non avrebbe tardato. Il 1° gennaio 1975 il giovane bretone ha firmato il suo primo contratto da professionista con la Gitane-Campagnolo, sotto la direzione di Jean Stablinski. Come compagni di squadra ha Lucien Van Impe, miglior scalatore del Tour de France 1975 e prima maglia a pois della storia, futuro vincitore del Tour 1976; Maurice Le Guilloux; e Georges Talbourdet. Il suo primo incontro con Eddy Merckx avviene durante la Parigi-Nizza. Vengono poi la Milano-Sanremo e il Giro del Delfinato: «E allora,» esclama «Merckx ha due gambe e due braccia come tutti quanti.» “Il Tasso” era nato.

Alpe d'Huez, 19 luglio 1977

«Bernard Hinault diventerà il miglior corridore del mondo.»

Eddy Merckx, al microfono di Jean-Paul Brouchon (France Inter) a San Cristóbal, Venezuela

Il destino di questo campione eterno vuole che si rimetta in strada al più presto, perché Merckx è convinto di non essere stato battuto per quello che vale realmente al Tour de France del 1975. Si tratta di una battaglia persa, non di una Waterloo, come hanno dichiarato alcuni. Per Eddy Merckx, l'obiettivo è fisso: collocare nel punto più alto dell'iperbole un sesto Tour.

L'estate è verde e blu, è la stagione dei criterium, come si potrebbe dire la stagione delle fragole. Il popolo se ne diletta. Bisogna parlarne, perché sono stati legati intimamente alla cultura della bicicletta, prima di scomparire uno dopo l'altro. Il criterium era un momento sociale molto importante per l'epoca. Nel 1970 a Caen, la prima edizione riunisce più di 100.000 spettatori. A metà degli anni Settanta, se ne recensiscono un centinaio in Francia e il doppio in Belgio dove si chiamano kermesse. I contratti dei corridori sono ancora modesti.

In Belgio, Eddy Merckx si presenta alla partenza per 70.000 franchi belgi (1735 euro). Dieci anni più tardi, dopo la sua vittoria del Tour del 1986, l'americano Greg LeMond si presenta nei Paesi Bassi per 500.000 franchi francesi (76.224 euro). Robert Mintkiewicz, gregario della maglia gialla Lucien Van Impe nel 1976, è stato a questo titolo un ospite d'onore: «Ho accompagnato Lucien in tutta la Francia dopo la sua vittoria al Tour. Guadagnavo un piccolo ingaggio, intorno ai 2500 franchi (400 euro), ma moltiplicato per quarantuno criterium, mi rimetteva in sesto».

Da nord a sud, da ovest a est, sulle strade statali, le loro potenti macchine zigzagano da un *fest-noz*[22] a un altro, da una fiera a una *ducasse*.[23] Su queste strade che hanno il sapore delle vacanze, «*qui traversent la Bourgogne et la Provence / qui font d'Paris un p'tit faubourg de Valence / et la banlieue de Saint-Paul-de-Vence*»,[24] la Mercedes di Lucien Van Impe, guidata da Bébert Mintkiewicz, suo leader di strada, percorre più di 30.000 chilometri in quindici giorni l'anno della sua incoronazione, nel 1976, sulle note luminose della canzone di Trenet. «*Le ciel d'été / remplit nos cœurs de sa lucidité / on chante, on fête / on est heureux, Nationale 7...*»[25]

[22] La "festa della notte" è un'antica tradizione della Bretagna: una festa serale con musica, canti e balli, organizzati da ogni singolo comune a seguito di manifestazioni religiose (N.d.T.).

[23] Festa popolare annuale dei villaggi e delle città del Belgio e del Nord della Francia (N.d.T.).

[24] «Che attraversano la Borgogna e la Provenza / che fanno di Parigi un piccolo sobborgo di Valenza / e la periferia di Saint-Paul-de-Vence», Charles Trenet, *Route Nationale* 7 (N.d.T.).

[25] «Il cielo d'estate / riempie i nostri cuori della sua nitidezza / cantia-

A pomeriggio inoltrato o di notte, sotto i platani, diciamo, di una *promenade*, o sotto i bagolari di un boulevard – vada per Victor Hugo – le majorette sfilano, la musica della banda è gradevole e i corridori, con le loro maglie di seta, splendidi come idoli nei loro abiti di luce, sono il momento clou dello spettacolo. Su manifesti a colori, scritte in grassetto spalmano la gloria di una maglia gialla, di un miglior scalatore del Tour, di una maglia verde. Thévenet. Merckx. Van Impe. Godefroot. Ocaña. Zoetemelk. Guimard... E quasi in caratteri più grandi che quelli dei nomi delle star, il nome dello speaker, del regista, che deve portare gli spettatori nel *Paese delle meraviglie*, perché *si aggrappino al collo dei loro sogni*, canta loro Aznavour. Mario Cotti, Jean Tamain, Jean Gillet e Maurice Jouault sono stati i primi "assi del microfono".

Un bel giorno, in piena età dell'oro, sorge nel paesaggio dei criterium un alieno che possiede tutti i talenti: *savoir-faire*, senso dell'umorismo, tenerezza. Il giovane Daniel Mangeas ha venticinque anni. Viene da Saint-Martin-de-Landelles, nella Manica, una chiesa e una strada intorno. Nessuno ha saputo eguagliarlo da allora.

In generale l'incanto, *come un gran colpo di sole / un soffio di follia / una festa* – questo invece è Fugain –, finisce due ore più tardi. Alla gente importa ben poco se i risultati di questi criterium-chipolata, dove i giri si susseguono legati come salsicce, siano aggiustati in anticipo oppure no. Gli adulti sono venuti per lo spettacolo e se ne

mo, facciamo festa / siamo felici, Nationale 7», Charles Trenet, *Route Nationale 7* (N.d.T.).

ricorderanno fino all'inverno, i piccoli lo sogneranno fino all'anno prossimo o per tutta la vita. A volte, niente va come previsto.

Il 7 agosto 1970 è la volta di una notturna a Saint-Cyprien, una stazione balneare vicino a Perpignan. Eddy Merckx deve vincere, ma quel giorno la vanità di Luis Ocaña gli impone di fare la sua gara. Attacca alla partenza e gli spettatori assistono a un duello sfrenato tra il belga e lo spagnolo, che doppiano e doppiano il peloton come se gli altri non esistessero. Un altro momento di grazia, caduto dal cielo, durante un criterium in Belgio. Ocaña tenta di giocare la carta distensione alla partenza: «Eh ragazzi, oggi ci andiamo piano». A Merckx non importa. Scatenato, fa esplodere il gruppo in partenza e, con Ocaña a ruota, il duo presto relega tutti gli avversari indietro di uno, poi due, poi tre giri.

Altri aneddoti nutrono corpo e anima di un'epoca pittoresca persa per sempre. Dopo la sua vittoria a Bussières nel 1970, nella regione della Loira, Merckx si ferma nei sobborghi di Valenza. Il giorno dopo, il proprietario dell'hotel inquadra quella notte storica: «Al Logis des Oliviers / Eddy Merckx / il grande campione del ciclismo / ha dormito nella stanza 12 / il 24 agosto 1970». Un'altra volta ancora il cinque volte campione del Tour si impone a Callac, il 29 luglio. La sua doppia frattura alla mascella, che si è procurato qualche giorno prima a Valloire, lo obbliga a un menù per bambini: hamburger, purea e frullato di frutta. Il giorno seguente deve presentarsi a Le Blanc, nel dipartimento dell'Indre, per una gara su pista notturna. Jean-Pierre Danguillaume, che fa parte della sua cerchia di amici e che ha corso come lui a Callac, gli offre ospitalità a Joué-lès-Tours. Una volta arrivati, a notte fonda, Merckx chiede al suo ospite: «A che ora ci svegliamo?». «Verso le 9 o le 10. Perché?» «No, ci alziamo alle 8 e facciamo una cinquantina di chilometri sulle strade dove ti alleni tu.»

Danguillaume conserva un ricordo imperituro di quest'uscita fianco a fianco, nella campagna jocondiana, dalle grotte "pietrificanti" di Savonnières fino ai Giardini di Villandry: «Circa a metà, ci siamo fermati per pisciare. Sul bordo della strada c'era un melo, abbiamo raccolto un frutto ciascuno, ci siamo seduti nell'erba e l'abbiamo mangiato in silenzio, al sole, ascoltando gli uccelli. Ma alla sera, al Blanc, non c'è stato nessun regalo: 1° Merckx, 2° Danguillaume». In Francia, nel corso della sua carriera, ha arraffato una trentina di criterium e in Belgio dieci volte di più. Merckx si presentava alla partenza di un criterium come Belmondo si presentava agli studios. Semplice formalità.

Il vento d'orgoglio e fiducia che soffia sulla Francia dall'incoronazione di Bernard Thévenet nel 1975 porterà con sé delle nubi l'anno successivo. Il vincitore uscente, malato, abbandona il Tour (19ª tappa) e lascia il campo libero a Lucien Van Impe che si impone a Parigi in quella sua ottava presenza. Per Eddy Merckx l'erosione delle stagioni – nel 1976 è la sua dodicesima – non riesce a scalfire la signorilità con cui supera gli ultimi ostacoli. La sua settima vittoria della Milano-Sanremo ne è l'immagine più bella. Ma il campione belga, consumato, durante il 1976 accumula problemi di salute. Sinusite, ulcere da sella, lombalgia, senza contare una profonda ferita al gomito che lo obbligа a tenere il manubrio con una mano sola sui segmenti di pavé della Freccia Vallone. Imputa al consumo di antibiotici i brutti risultati durante il Giro delle Fiandre, la Parigi-Roubaix e la Liegi-Bastogne-Liegi, dove non compare mai nei primi posti. Durante il Giro d'Italia, il suo ascesso si è infettato. Un'altra operazione. Viene così privato del suo Tour de France e dovrà aspettare un altro anno prima di sperare in una rivincita e una sesta vittoria. Riguardo la sua lombalgia, tornata mentre ha provato a raccogliere una pera da terra, ammetterà: «Sono rimasto sdraiato su una tavola per sei settimane, non riuscivo nemmeno ad andare in bagno. Per spostarmi, strisciavo sulle mani». Il suo bilancio sportivo a fine stagione è il più esiguo mai registrato: quindici vittorie su centoundici giorni di gara.

Ma il peggio deve ancora venire. La situazione finanziaria del suo sponsor italiano si è brutalmente deteriorata. Dal 1974, Ambrogio Molteni figlio ha iniziato a mandare segnali d'allarme: pagava i suoi corridori in ritardo oppure non li pagava proprio. Merckx rimborsa i suoi gregari di tasca propria. Nel corso del 1976 deve pagare lui stesso le proprie cure mediche all'ospedale. Il re dei salumi viene infine condannato per frode, contrabbando e raggiro con una multa di un miliardo di lire (520.000 euro). Merckx non recupererà mai gli arretrati del suo stipendio, che ammontano a 52 milioni di lire (27.000 euro). Dopo nove stagioni in Italia con i colori di Faema, Faemino e Molteni, Eddy Merckx fa ritorno in Francia, nel 1977, nella FIAT France, sotto gli ordini di Raphaël Géminiani e Bob Lelangue, suo vecchio gregario e uomo di fiducia. Due corridori francesi fanno parte di quest'avventura: Robert Bouloux e Jean-Luc Molinéris. Gli altri dodici sono belgi o olandesi. «Mentre Géminiani si occupa dei giornalisti, Lelangue della logistica, Merckx prende le decisioni. Il vero capo è lui e le grandi responsabilità che pesano sulle sue spalle non influiscono in nessun modo sull'atmosfera all'interno del gruppo.» C'è del vero orgoglio in questa affermazione di Molinéris, che si ricorda che proprio all'inizio della sua carriera, durante una Settimana Catalana «Merckx faceva pedalare i suoi così forte che mi aveva fatto venire voglia di appendere la bici al chiodo. Mi dicevo che mi ero infilato in un mondo dove non avrei mai dovuto mettere piede. Come immaginare che cinque anni più tardi avrei portato la stessa maglia di quelle "moto", Sercu, Bruyère, Huysmans, Swerts, De Schoenmaecker. Eddy non era più il corridore infuocato delle grandi "annate Merckx", ma si imponeva comunque. Rivedo la sua figura, gli ordini dati soltanto con uno sguardo e quella maniera di tenere nascosti segreti che tuttavia riguardavano tutta la squadra. Nessuno saprà per esempio che durante il Tour '77 ha lottato contro la mononucleosi. Il mio Graal personale è stato quello di essere scelto da Sercu per essere il suo lanciatore agli arrivi. Patrick sapeva che non mi piaceva sgomitare e quindi mi diceva: "Tu pedala a tutta forza fino ai cinquecento metri, poi mi arrangio". Ha vinto tre tappe durante quel Tour e io sono contento di aver fatto il mio».

Il contratto di Robert Bouloux ha rischiato di non venire mai firmato. Parola di bretone: «Ero appena arrivato 3° alla Tours-Versailles del 1976 e avevo solo chiesto a Géminiani di fare un piccolo sforzo rispetto allo stipendio indecente che mi proponeva. Il giorno dopo, sul giornale "L'Équipe", senza avermene parlato, Géminiani annunciava che ero stato licenziato. *Le esigenze di Bouloux* titolava il giornale. Mi accusavano anche di aver fatto perdere la Tours-Versailles a Poulidor. Il giorno dopo ero disoccupato. Non mi sono abbattuto, ho bussato alla porta dell'ufficio di Lévitan e gli ho raccontato la vera storia del finale della Tours-Versailles, della quale ignorava tutto. Eravamo tre in fuga: De Witte, Poulidor e io. Propongo a Raymond di aiutarlo, ma lui rifiuta. Tutti conoscevano l'avarizia di Poulidor nel momento in cui doveva tirare fuori qualche banconota. De Witte non ha fatto complimenti. Mi ha detto "andata" e l'ho tirato fino alla volata che ha vinto facilmente. "Bene, per chi vuoi correre la prossima stagione?" mi ha chiesto Lévitan. "Per Merckx." "Ci penso io. Non ci saranno problemi. Torna a casa tranquillo." Sono stato reintegrato, ma hanno mantenuto il mio stipendio al minimo».

Non emerge nessun altro ricordo di quella stagione con Merckx a parte una lavata di capo di Géminiani. Sempre Bouloux: «Durante il Tour '77, Gem ha fatto un casino pazzesco. Non so se avesse il dente avvelenato contro di me, ma durante una tappa nella quale sono andato in fuga con Zoetemelk, Van Impe e Ocaña soprattutto, senza mai prendere un solo cambio, è venuto a insultarmi perché il mio posto era dietro vicino a Merckx e non in testa a farmi bello. La sera, per timidezza, non sono nemmeno andato da Eddy a scusarmi. Mi sentivo schiacciato solo pensando al suo palmarès. Mi venivano in mente immagini del grande Merckx. C'ero anche io in quella Liegi-Bastogne-Liegi quando ha attaccato centro metri dopo la partenza, alla prima salita. Mostruoso! Tutto il peloton in fila indiana e lui da solo davanti, a quattrocento metri di distanza. In cima c'era un po' di vento laterale, lui si è girato, i primi sono rientrati e subito hanno messo in piedi un ventaglio. Gli erano bastati cinque chilometri per fregare e usare tutti gli altri favoriti. Lo dico con tutta la sincerità che ho, durante il Tour del 1977 ho lavorato come un matto. Nella cronometro a squadre che abbiamo vinto ero in scia a Bruyère e quando era il mio turno vi assicuro che dietro "l'elastico" si tendeva. Il capo doveva comunque essere contento del mio lavoro quando mi ha proposto di seguirlo da Wilkinson, ma il progetto non è andato in porto e ho abbandonato la bici a trentun anni».

È ad Avoriaz, alla fine di una cronometro in salita, che Bernard Thévenet si impossessa della maglia gialla. Dietrich Thurau, rivelazione e leader durante i primi quindici giorni, resiste ancora due tappe poi esplode sulla salita verso l'Alpe d'Huez. Esattamente come Eddy Merckx, secondo in classifica generale fino alla quindicesima tappa e che, malato, vive un vero calvario per issarsi fino alla cima dell'Alpe, a 13 minuti e 51 secondi dal vincitore Hennie Kuiper. Non è quest'ennesimo colpo di martello sul suo cuore che gli impedirà di arrivare a Parigi e dichiarare a Robert Janssens l'esclusiva di un'informazione piuttosto insensata: «Tornerò l'anno prossimo e vincerò».

Nell'attesa, fa da semplice testimone al match Thévenet-Kuiper, separati da uno scarto di otto secondi, prima della cronometro di Digione. Sarebbe esagerato dire che Merckx ha favorito la seconda vittoria del francese ma, con due gesti, comunica tutta la stima che prova per il borgognone. Lasciamo a quest'ultimo la possibilità di raccontarlo: «A Digione, visto che era partito un buon quarto d'ora prima di me, invece di tornare in hotel Eddy si è messo sul percorso, a tre chilometri dall'arrivo con un cronometro in mano. Quando sono passato, mi ha urlato: "Ventidue secondi di vantaggio su Kuiper!". Mi ha dato la forza per finire. Eddy non era obbligato, doveva avere il cuore a pezzi, ma mi ha aspettato. Quella è classe». La seconda "spintarella" è avvenuta invece sugli Champs-Élysées, prima della partenza della cronometro di sei chilometri, la penultima tappa. Sempre Thévenet: «Con Peugeot, le nostre bici erano attrezzate da un accessorista francese, la società Maillard, specialista in ruote libere, mozzi e pedali. Per quest'ultima crono, avevo una corona da tredici denti dietro. Ma avevo sentito dire che Campagnolo ne aveva prodotta una da dodici. Ho chiesto al mio amico Eddy che me l'ha confermato: "È vero, noi nella squadra la usiamo da tre settimane. Se vuoi, ti posso prestare una ruota con dodici denti". Ho fatto la cronometro con un 56 x 12 dietro e, per la cronaca, ho battuto Eddy di tre secondi».

Merckx ha appena perso il suo secondo Tour de France. Affaticato dalla mononucleosi, non ha potuto fare meglio di un sesto posto e il suo destino diventa improvvisamente una parabola, quella del campione battuto che, animato da una forza interiore, diventa un antieroe. Nel 1977 Adamo, suo celebre compatriota, canta: «*C'est ma vie / C'est pas l'enfer / C'est pas le paradis / C'est moi qui l'ai choisie*»,[26] parole che potrebbero sposare la vita del campione decaduto, mentre negli Stati Uniti, Bob Dylan miagola nella sua armonica *The Times They Are A-Changin'*.

[26] «È la mia vita / Non è l'inferno / Non è il paradiso / Sono io ad averla scelta», *C'est ma vie*, Salvatore Adamo, 1976 (N.d.T.).

Sì, i tempi cambiano e il carattere eterno delle generazioni vuole che un'onda sommerga l'altra. La new wave nella bici si chiama Bernard Hinault, Eric Vanderaerden, Sean Kelly, Francesco Moser, Jan Raas, Marc Demeyer o Adrie van der Poel, e già si distingue. Nemmeno lui se lo spiega davvero, ma il Cannibale nutre per colui che tutti chiamano il Tasso una forte simpatia. Eddy è sui palchi principali per assistere ai successi del bretone durante la Gand-Wevelgem e la Liegi-Bastogne-Liegi nel 1977. Soprattutto si mette in gioco e si impegna nell'aiutarlo a vincere anche il Giro del Delfinato lo stesso anno. Ancora meglio, alla fine del campionato del mondo su strada a San Cristóbal, in Venezuela, al microfono di Jean-Paul Brouchon, reporter di France Inter, afferma: «Bernard Hinault diventerà il miglior corridore del mondo».

Alla fine del 1977, per la prima volta, Eddy Merckx non aveva più l'aria giovane.

Italia, amore e tradimento

«Eddy aveva più paura di me che di Gimondi. Non sapeva quando avrei attaccato. Ma nemmeno io lo sapevo. Mi inventavo sempre qualcosa, un po' come Leonardo da Vinci.»

Gianni Motta, vincitore del Giro '66

Nel 1968, Eddy Merckx decide di continuare la sua carriera in Italia. Il suo nuovo sponsor, la Faema, è leader del mercato di macchine per il caffè e intende promuovere le proprie esportazioni verso il Belgio. Carlo Valente, il fondatore, già presente alla fine degli anni Cinquanta nel peloton con Rik Van Looy, vuole un altro nome di prestigio che subentri all'Imperatore di Herentals. Vincenzo Giacotto, manager dall'eleganza italiana, con molta esperienza, astuto, gli ha proposto il giovane Merckx, ventiduenne, con sul CV due Milano-Sanremo e una maglia arcobaleno. «Ha tutte le qualità e tutti i talenti» dice al re delle macchine per il caffè. Sarà abbastanza per succedere a Van Looy? Il manager piemontese, grande ammiratore del campione di Bruxelles, sa che è armato per fare degli ottimi sprint ma niente di più. Nel mondo del ciclismo, Giacotto gode di buona reputazione. Verso la fine degli anni Cinquanta l'arrivo nel peloton di Carpano, un produttore di vermouth, porta la sua firma. Fausto Coppi, che non ha mai bevuto una goccia di vino, e Ferdi Kübler, accettano di venire per finire la loro carriera. In seguito, sfileranno sotto la maglia a strisce nere e bianche, tipo quella della Juventus di Torino: Gastone Nencini (Tour de France 1960), Nino Defilippis (due volte campione italiano nel 1960 e nel 1962), Franco Balmamion (Giro 1962 e 1963) e Italo Zilioli (due volte secondo al Giro, nel 1964 e nel 1965).

Prima della Freccia Vallone 1967 viene organizzato un test a Cervinia, in Valle d'Aosta. Merckx deve effettuare la salita di quel colle, a duemila metri di altitudine, lungo quindici chilometri con una pendenza media del dodici per cento agli ordini di Nino Defilippis, una delle vecchie glorie del Piemonte che propone di seguire il belga in macchina. In cima, il suo verdetto è senza appello. Nel suo libro *I miei campioni*, il giornalista italiano Beppe Conti racconta: «Ho preso Giacotto da parte e gli ho detto: "Fagli firmare un contratto subito, su un pezzo di carta se necessario e a vita se te lo chiede. Dagli i soldi che vuole, senza discutere. Questo può vincere tutto"». Il manager italiano non si è mai sbagliato nelle sue scelte professionali. Ma non avrà il tempo di apprezzare tutte le qualità, tutti i talenti e tutto il coraggio del suo campione. La sua dipendenza dal tabacco lo ucciderà nel 1970, all'età di quarantasette anni. Alla fine dell'estate 1967, la sera prima del campionato del mondo a Heerlen, che vince dopo uno sprint davanti a Jan Janssen e Ramón Sáez, Merckx firma con la Faema un contratto di tre anni. Il salario annuale è di 1.2 milioni di franchi (183.000 euro), il triplo di quello che prendeva da Peugeot, dove non andava più d'accordo con Gaston Plaud, il direttore sportivo.

Il campione belga si trova bene in Italia, alla guida di una squadra che finalmente ha scelto lui. Prima di lanciarsi alla conquista del mondo, Giulio Cesare avrebbe detto «Percuoterò il suolo dell'Italia e ne usciranno legioni». Affascinante, anche per un conquistatore in bicicletta. Merckx quasi dimenticherà di essere nel Paese di Machiavelli. Tra il 1968, l'anno del suo debutto, e il 1976, l'anno della sua ultima stagione, il nome di Eddy Merckx acquisisce una potenza e un'aura che rimandano a tempi illustri. *Merckx come Coppi* titola «La Gazzetta dello Sport» in prima pagina dopo la sua impresa alle Tre Cime di Lavaredo, durante il Giro del 1968. «Ha cambiato la storia del ciclismo» decreta il quotidiano italiano. I suoi successi saranno spesso visti alla luce di quelli del Campionissimo, il santo dei santi, la referenza suprema nella Penisola. Alla fine della sua carriera, con la maglia di FIAT France, stagione 1977, durante l'allenamento pre-gare, Merckx il cui palmarès soppiantava largamente quello di Coppi, si arrabbia per questo rimuginare eccessivo su ricordi fantasma, queste idee fisse che i più ferventi abbracciavano come Ulisse ha fatto con l'albero della sua nave. Parlando a Raphaël Géminiani, gli chiede: «Tutti che parlano di Coppi, ma cos'ha Coppi più di me?». Gem, contemporaneo del Campionissimio, non si è morso la lingua e gli ha risposto: «Tanto per cominciare ha vinto due gare che tu non vincerai mai, due campionati del mondo di inseguimento. Nel 1947, batte Bevilacqua, un altro italiano, e nel 1949 domina il lussemburghese Gillen. E per finire, aveva vent'anni di vantaggio sul gruppo. Ha rivoluzionato la dietetica, ha inventato l'*interval training* negli allenamenti ed è stato il primo, per una migliore aerodinamica, a indossare una maglia senza le tasche anteriori, che i corridori riempivano di provviste. È stato anche il primo a indossare una maglia di seta sulla pista».

Non andiamo a cercare oltre la mia voglia di risalire alla fonte. Sono andato a respirare l'aria delle Fiandre, a incontrare i personaggi che hanno fatto del Belgio un Eldorado della bici durante gli anni Settanta: era dunque obbligatorio recarmi in pellegrinaggio nel Paese di Alfredo Binda, Fausto Coppi e Gino Bartali. È su queste strade che Merckx ha dimostrato le mille sfaccettature del suo immenso talento e lasciato in eredità cinque Giri d'Italia, sette Milano-Sanremo e due Lombardia.

Rozzano, grande periferia di Milano, martedì 6 febbraio. La luce del pomeriggio inoltrato è rosa. In via Buozzi, immerso negli odori miscelati di caffè e pasticceria in un bar gelateria, Marino Vigna, campione olimpico di inseguimento a squadre nel 1960 a Roma, si commuove riportando alla memoria i suoi ricordi. Passato senza soluzione di continuità dalla fine della sua carriera, a ventinove anni, a un posto da direttore sportivo alla Faema nel 1968, è più giovane di un buon numero dei suoi corridori. Dei suoi primi giorni insieme al giovane campione del mondo non ha dimenticato nulla, nemmeno un dettaglio. «È successo a Reggio Calabria, all'inizio della stagione, durante un ritiro. Un mattino Vittorio Adorni, leader designato per le gare italiane, senza dubbio un po' imbarazzato dalla sicurezza di Merckx, mi si approccia con fare discreto e mi sussurra: "Dobbiamo capire chi è il capo, le cose saranno più chiare per tutti". Vittorio così ha tracciato il percorso dell'uscita di allenamento del giorno dopo, ovviamente durissima, per mettere Merckx in difficoltà. Era stato furbo e aveva coinvolto anche altri due corridori, penso Casalini e Armani. Eravamo come in gara, nessuno aveva il tempo per parlare e verso la fine, sulla salita di Sant'Elia, lunga quindici chilometri e molto ripida, c'è stata una discussione. Eravamo a metà quando Adorni si è lasciato scivolare fino all'altezza della mia macchina: "È meglio che tu dica che per oggi è finita, altrimenti Merckx ci lascia tutti indietro".» Vigna, con tono quasi solenne, scandisce ogni parola: «Non c'era nessuna arroganza nei gesti o nelle parole di Merckx, solo grande sicurezza e convinzione. Rispettava tutti, era beneducato, affabile, ma una volta salito in bici era irriconoscibile, applicava la legge del più forte. A ventidue anni ciò dimostra una maturità eccezionale. Adorni ne aveva trenta, aveva già vinto un Giro e la sua ambizione era legittima, ma non faceva più la differenza».

Per la sua prima gara della stagione del 1968, Merckx disputa il Trofeo Laigueglia, in Liguria, in provincia di Savona. Sulla linea di partenza c'è l'élite del peloton professionista. La gara è molto animata, ma fa subito fronte a un ostacolo imprevisto: un passaggio a livello chiuso e un treno merci fermo in mezzo ai binari. Vigna racconta: «I corridori hanno scavalcato la barriera e sono saliti sui vagoni per passare dall'altra parte e filar via. Dovevano mancare circa venti chilometri e i giochi non erano chiusi. Merckx, con la maglia del campione del mondo, stava seguendo gli altri ma il capostazione, insieme ad altri tifosi, l'ha accerchiato. Mario Milesi, il nostro meccanico, ha dovuto strisciare sotto il treno con la sua bici mentre Merckx si liberava e lo recuperava dalla parte opposta. Ma era troppo tardi: Dancelli aveva preso troppo vantaggio. Non credo di aver mai visto Eddy più arrabbiato di quella volta in altre situazioni».

Giacotto ha intuito e se ha reclutato Adorni è anche per fargli avere il ruolo di consigliere durante e dopo la gara. Una delle sue missioni principali è di cambiare le abitudini alimentari del suo giovane gregario. Spiega Vigna: «In Belgio, la dietetica era molto diversa dalla nostra. La mattina prima delle gare, il menù comprendeva fegato di pollo e ravioli. In Italia, durante i tre giorni che precedevano una gara si osservava il regime alimentare di una persona malata: riso in bianco, bistecca o prosciutto cotto. Non bisognava caricare il fegato, né far sciupare all'organismo dell'energia supplementare per la digestione. La regola era di alzarsi da tavola con ancora un po' di fame. Arrivato da noi, Eddy pesava settantasei chili. Tre mesi dopo, settantadue». Adorni si rivela essere un buon nutrizionista: confisca i biscotti, il cioccolato, il pan di zenzero, le scatole di frutta sciroppata nascoste in fondo alle valigie. Vigna ride a crepapelle pensando a «Guido Reybrouck e altri che si riuniscono in una stanza per mangiare di nascosto del pane imbevuto di vino zuccherato. Alla fine, tutti si sono arresi alla nostra disciplina alimentare».

Il Giro del 1968 si gioca durante l'ascensione delle Tre Cime di Lavaredo, simbolo delle Dolomiti. Dall'altra parte, c'è l'Austria. Lo sfondo sono i tre immensi menhir piantati a 2400 metri di quota, dove George Lucas verrà a girare alcune scene del suo *Star Wars*. C'è anche un tocco di fantascienza in questa dodicesima tappa Gorizia-Lavaredo: si disputa in condizioni climatiche spaventose, che vanno oltre il limite umano. Pioggia, grandine, tempesta di neve: i dodici chilometri della salita sono ancora nella memoria di tutti. Martin Van Den

Bossche, migliore gregario di Merckx in alta montagna, ricorda: «Faceva così freddo che la catena della bici era gelata. Il meccanico doveva continuamente metterci dello spray sopra perché girasse. Dei corridori si pisciavano sulle mani per scaldarsi le dita. Gli ultimi che sono arrivati hanno pedalato su un tappeto di venti centimetri di neve fresca». Jean-Claude Theillière, ex campione di Francia, era presente durante «questa cosa da bruti, da pazzi. I peggiori ricordi di tutta la mia vita. Duecento chilometri sotto pioggia e neve e per protezione solo la giacca della tuta, fradicia dopo dieci minuti. Cosa avrei potuto fare con i miei cinquantasette chili bagnati? I freni non rispondevano più. Sono caduto due o tre volte durante la discesa. La bici non è sicuramente una cosa da deboli, ma in quell'occasione ho visto gente piangere». Marino Vigna è al volante della macchina Faema: «L'immagine che ho scolpita nella memoria è quella del lago di Misurina, l'ultimo falso piano prima di attaccare la vera salita. La strada era inondata. Rivedo Merckx, in mezzo alla carreggiata, fendere l'acqua come se fosse stato su un motoscafo. Poi, in mezzo alla tempesta di neve, ha ripreso i corridori in fuga, uno per uno. Sua sorella da bordo strada gli ha dato una borraccia di tè caldo che si è rovesciato sulle scarpe per scaldarsi i piedi. Lassù il rifugio Auronzo, campo base per gli alpinisti, era diventato un ospedale di campo. Dita paralizzate, alluci congelati, ipotermia. Gimondi era impietrito, piangeva. Sapeva che aveva appena perso ogni possibilità. Ecco la storia del primo dei cinque Giri di Merckx».

Ma c'è un lato nascosto in ogni storia. Questa è stata rivelata in un libro scritto da Beppe Conti, oggi giornalista alla RAI,[27] in omaggio a Enrico Peracino, medico di squadra della Carpano e poi della Faema. Giacotto, il manager, e il dottor Peracino sono amici e complici di lunga data. Per semplice curiosità e perché la sua ammirazione per Merckx è senza limiti, il primo chiede al secondo di fargli fare un elettrocardiogramma, per «vedere come funziona il cuore di un fenomeno» si giustifica Giacotto. Il Giro del 1968 che è partito da Campione, in provincia di Como, alla terza tappa è arrivato ad Alba. Come deciso, Giacotto, Peracino e un cardiologo a loro vicino, il professor Giancarlo Lavezzaro, propongono a Merckx un controllo di routine. Il risultato si abbatte come una mannaia su di loro e per Lavezzaro «è stupefacente». Si rivolge agli altri: «Quest'uomo potrebbe avere un infarto in ogni momento». C'è un attimo di panico. Soprattutto, non una parola a Merckx. Il trio non esclude l'errore nel test e decide di fare un altro elettrocardiogramma il giorno seguente, prima della partenza della tappa. Per evitare che Eddy s'insospettisca, ne fanno fare uno anche a Adorni. Il risultato è identico a quello della sera. Né Giacotto, né Peracino hanno il coraggio di annunciare la notizia a Merckx e il Giro continua. Nel frattempo, il dottor Lavezzaro ha ripreso servizio all'Ospedale Molinette, a Torino. Allievo di un celebre cardiologo, il dottor Bruscha, al quale mostra l'elettrocardiogramma senza svelare l'identità del paziente. La risposta di Bruscha è stata: «Ma chi è che ha avuto questo infarto?». Degli esami più approfonditi rivelano che Merckx soffre di una cardio-

[27] Beppe Conti presenta e anima una trasmissione settimanale su Rai Sport intitolata *Radiocorsa*, dedicata al ciclismo di ieri e di oggi (N.d.T.).

miopatia ipertrofica. Non gli impedirà di vincere la tappa delle Tre Cime di Lavaredo e di tenere la maglia rosa fino all'arrivo.

I ricordi di Gianni Motta sono altrettanto preziosi. A Cassano d'Adda, nell'hinterland milanese, dove vive agiatamente, Motta non è solo un nome, ed è anche molto più che il vincitore del Giro del 1966. L'ottantenne fa parte del paesaggio e le sue parole, il suo carattere esuberante donano consistenza anche ai più piccoli aneddoti. È un personaggio solare, un seduttore, e ha il merito di non evadere nessuna domanda. Con lui, la nostalgia fa soffiare un vento di freschezza sul mondo di ieri. Era anche lui a Lavaredo, «nel corpo di un sopravvissuto. Mi rivedo dire a Gimondi, che piangeva sdraiato su un letto: "Non è piangendo come un bambino che riuscirai a battere Merckx"». Motta e il cinque volte vincitore del Giro d'Italia si sfideranno su tutti i terreni per dieci anni. Con il più grande aplomb, assicura: «Eddy aveva più paura di me che di Gimondi. Non sapeva mai in quale momento avrei attaccato. Ma nemmeno io lo sapevo. Mi inventavo sempre qualcosa, come Leonardo da Vinci. In discesa, lui era il più forte di tutti, ma non mi ha mai staccato. Bisogna riconoscergli oltre a tutte le sue qualità un grande merito: è stato per la nostra generazione una motivazione straordinaria e un esempio. Quante volte mi sono alzato al mattino dicendomi: "Se vuoi vincere, devi battere il più forte". E il più forte era Merckx, quindi per batterlo usavo la furbizia. Ma mi mancava spesso qualche risultato o un po' di forza. Il poeta lo dice meglio di me: "A volte manca il vino, a volte manca il bicchiere". Ho provato di tutto, anche a comprare la gara. Durante la Tre Valli Varesine del 1970 eravamo solo lui e io in testa, e gli ho detto: "Eddy, siamo nel mio Paese, lasciami vincere". "No." "Ma hai già vinto trentacinque volte e io arrivo dall'ospedale, mi farebbe bene al morale. 500.000 lire (260 euro) e basta." "No." "Un milione di lire, Eddy!" "No." "Due milioni!" Ho continuato fino a tre milioni e mezzo (1900 euro) e non ha ceduto. Poco male, l'ho battuto in regolarità in volata e ho pure risparmiato. Era il suo carattere, non si vendeva mai. Incorruttibile, non direi fino a quel punto, perché sanno tutti che ha ceduto una Coppa Agostoni a Gimondi, ma la prima condizione che si imponeva nel suo lavoro era di non essere al servizio di nessuno».

Le sue mani si agitano, prova un bisogno impellente di parlare, ride forte, riflette per qualche secondo prima di pronunciarsi su ciò che lo distingueva da Merckx: «Lui era un personaggio di carattere, io ero un personaggio del destino. Era molto meticoloso, di un perfezionismo malato e di un rigore estremo. Io credevo alla mia buona stella, Eddy veniva a correre il Giro con undici bici, telai con angoli diversi, forcelle lunghe, forcelle corte e una decina di paia di scarpe. Ho riso molto sentendo l'aneddoto di Adorni sulla partenza per il Giro del '68, quando Eddy si è presentato con tre valigie e Vittorio con una punta d'ironia gli ha chiesto: "Dove vai in vacanza?". Era un'epoca dominata dall'esagerazione. La concorrenza tra i marchi era spietata e, in Italia, circolavano delle grosse somme sottobanco per ottenere una vittoria. C'erano due grandi compratori rinomati in questo campo, Colnago e Salvarani. Penso si possa dire, è ormai tutto in prescrizione. Lei sa com'era soprannominata la squadra dei quattro fratelli Salvarani?».

No.

«La squadra con la valigia.»

Un anno più tardi, durante il Giro del 1969, sarebbe scoppiato il più grande scandalo della storia del ciclismo italiano, l'affare Savona con la squalifica dalla gara di Eddy Merckx in seguito ai risultati positivi di un controllo fatto la sera prima... Due giorni dopo aver rifiutato una valigia piena di soldi per perdere il Giro.

Savona

«Nel 2004, Ercole Baldini mi dice: "Ho tutti i dettagli sul controllo di Savona. Chi è stato e per quanto. Se Eddy vuole sapere qualcosa, che mi chiami". Ho chiamato Eddy. Dall'altro lato del telefono, c'è stato un momento di silenzio, poi mi ha detto: "Mi sono già vendicato abbastanza. Va bene così".»

Marino Vigna, direttore sportivo di Eddy Merckx

Eddy Merckx è stato oggetto di tre controlli positivi durante il corso della sua carriera. Due volte in Italia: nel 1969, durante il Giro, alla fencamfamina, uno stimolante della famiglia del Reactivan, una storia oscura che supera in immaginazione l'arte della *combinazione*[28] e dell'invenzione; e nel 1973, durante il Lombardia, alla norefedrina, prescritta per errore dal suo medico per contrastare un principio di bronchite. La terza volta in Belgio, nel 1977, durante la Freccia Vallone, allo Stimul, un'amfetamina allora in voga utilizzata dalla grande maggioranza del peloton. Squalificato dal Giro a Savona, viene poi scagionato per beneficio del dubbio e a causa di flagranti errori durante la procedura. La sua buona fede viene anche riconosciuta in Lombardia dove, tuttavia, è declassato dal primo posto a favore di Gimondi. In compenso, i suoi argomen-

[28] In italiano nel testo (N.d.T.).

ti non sono ascoltati durante la Freccia Vallone e perde il beneficio del suo terzo posto.

Dei tre casi, è Savona che continua, cinquant'anni dopo, ad alimentare speculazioni, anche le più scabrose. Cos'è successo di preciso alla fine della sedicesima tappa partita da Parma, il mattino alle 11, sotto il sole? È difficile raccontare quest'avvenimento per filo e per segno perché molte delle persone presenti a quel Giro non ci sono più. Si può comunque affermare che sia la più inverosimile, inimmaginabile e sconcertante tra le storie di doping. Un intrigo degno di un romanzo. Dal momento della messa mattutina, celebrata nel Duomo di Parma in onore del Giro dove Merckx, in maglia rosa, si reca in bici con i suoi compagni di squadra, fino al controllo antidoping, sei ore più tardi, in una roulotte dopo l'arrivo a Savona, i dubbi serpeggiano ovunque.

Merckx ha subito otto controlli in seguito alla partenza da Brescia di questo Giro, sia per le vittorie di tappa sia per la sua maglia rosa. Montecatini (3ª tappa), Terme (4ª), Terracina (7ª), Potenza (9ª), Campitello Matese (10ª), Scanno (11ª) e San Marino (14ª e 15ª), tutti negativi. Perché avrebbe dovuto commette quell'errore grossolano il sedicesimo giorno, in una tappa di pianura senza la minima difficoltà e senza il minimo pericolo per la sua maglia rosa? In campo Faema sono tutti convinti: «Merckx è caduto in una trappola». Il direttore sportivo Marino Vigna ne è convinto ancora oggi. Gli interrogativi si sprecano. Innanzitutto, l'affidabilità di quella roulotte dove si svolgono i controlli antidoping. Per Vincenzo Giacotto, manager di Faema, le condizioni di sicurezza erano «approssimative e precarie». Un punto cruciale del regolamento non è stato rispettato, cosa che fa notare fin dall'inizio a Vincenzo Torriani, l'organizzatore del Giro: «Un laboratorio mobile deve prima di tutto trascorrere un periodo di tre mesi nello stesso posto prima di ricevere l'approvazione. Prima infrazione». Senza contare che «i flaconi che servivano a ricevere le urine erano già stappati quando il corridore arrivava e non venivano sigillati in presenza dell'interessato», altro punto assolutamente contrario al protocollo. E poi, tutte quelle persone che girano e che non hanno niente da fare lì dentro. Ma i primi quindici giorni tutto funziona senza incidenti. Allora Giacotto si dice che forse si sta preoccupando per nulla.

Savona, domenica 1° giugno. Roberto Ballini della G.B.C. ha appena vinto la volata e Eddy Merckx, di slancio, è già al controllo, ansioso di tornare in hotel. È formale, il dettaglio ha la sua importanza, il medico di controllo gli ha «teso una provetta già stappata, come gli altri giorni». Abbiamo ricostruito la situazione con Martin Van Den Bossche, suo compagno di stanza. «Eddy aveva già vinto quattro tappe, l'atmosfera era sinceramente rilassata. La sera, era venuta a trovarlo sua moglie, Claudine. Il morale era alto. Sulla strada per Milano l'orizzonte era limpido, avrebbe vinto il suo secondo Giro. Cosa poteva succedergli, a parte una caduta?» All'Hotel Albisola, nel cuore del centro storico di Savona, nessun evento particolare viene segnalato. La serata è tranquilla, domani saranno a Pavia, dopo una tappa di pianura. Un giorno guadagnato. Milano non è mai stata così vicina.

Savona, lunedì 2 giugno. Gli stessi gesti, le stesse abitudini prima della partenza di una tappa. Dopo la colazione, Merckx e Van Den Bossche sono risaliti in camera. Fuori fa già caldo. In pantaloncini, distesi sul letto, è il loro ultimo momento di relax, «ma con un occhio sempre sull'orologio, Eddy non si faceva mai prendere alla sprovvista. Non gli rimaneva che indossare la maglia rosa». Martin si ricorda anche che «siamo stati disturbati due volte. Toc, toc e, senza aspettare, la porta era stata aperta. Una donna voleva un autografo, poi un'altra un attimo dopo. Ho detto a Eddy: "La prossima si prende il mio cuscino in testa". Qualcuno bussa di nuovo, non era un'ammiratrice ma Giacotto, che effettivamente si prende il mio cuscino in faccia. Ma non abbiamo avuto il tempo di ridere. Rivolgendosi a Eddy, sento ancora la sua voce: "Non puoi partire. Sei positivo". Un fulmine a ciel sereno. Poi un fiume di parole. "Ma come, non è possibile, non ho preso niente"». Un grido di rabbia soffocato. Dei singhiozzi. Nel corridoio, alcuni giornalisti che hanno già saputo la notizia aspettano una reazione. In lacrime, Merckx ripete come un automa: «Questo è sabotaggio. Non ho preso niente, lo giuro». Sono le dieci del mattino, la "bomba di Savona" ha appena fatto una vittima. Merckx è positivo alla fencamfamina, della famiglia delle amfetamine. Viene squalificato dalla gara e Felice Gimondi è la nuova maglia rosa.

Torriani, l'organizzatore del Giro, viene avvisato nella notte. Alle quattro del mattino, ha raggiunto il presidente della giuria dei commissari e ha chiesto una controperizia immediata. Rifiuto categorico. In sostanza, la risposta del presidente della giuria: «Se Merckx riparte, noi lasciamo il Giro». Si mormora anche che nella notte qualcuno abbia già informato i fratelli Salvarani, mentre Giacotto ha dovuto aspettare fino alle 9 di lunedì mattina. «C'era per forza qualcuno dietro a tutto ciò» sospira Marino Vigna. Le speculazioni si accumulano. Un intoppo durante la messa della domenica a Parma? La mano del diavolo ha forse scambiato le borracce sulle bici rimaste fuori? «Impossibile» taglia corto Vigna. «Le avevo prese con me per precauzione.» Prima della tappa Parma-Savona, riemergono alcuni avvenimenti disturbanti. Marino Vigna, amico tanto quanto direttore sportivo di Merckx, era al corrente di un'iniziativa molto strana, diventata per forza sospetta. Ecco la sua versione: «Due giorni prima di Savona, un corridore straniero di una squadra italiana è venuto nella camera di Merckx e gli ha detto: "Ti daremo una valigia contenente una grande somma di denaro se lasci vincere questo Giro a Gimondi"».

Lo interrompo: «E chi era questo corridore?».

«Non è più tra noi.»

«Sono passati cinquant'anni, potrebbe forse svelare la sua identità?»

«Era Altig. Rudi era il capitano di strada della Salvarani. Questo genere di pratica era abbastanza comune.»

«Cos'ha risposto Merckx?»

(Vigna ride) «Qualcosa come: "Non voglio sapere quanto contiene la valigia per non avere dei rimpianti. Digli che noi facciamo le cose per bene". Altig non aveva insistito. Stranamente, tutto ciò non ci aveva instillato il minimo sospetto.»

Anni dopo, Merckx rilascerà un'altra dichiarazione preoccupante a Joël Godaert, giornalista di «La Dernière Heure»: «Se voi sapeste quanto mi ha proposto Gimondi a Mendrisio nel 1971 per la maglia di campione del mondo...».

Torniamo a Savona per qualche istante. Chi semina vento raccoglie tempesta, potremmo dire. Il caso di Savona avrà ripercussioni fino negli ambienti politici belgi, e anche più in alto visto che il re Baudouin, con discrezione, si interesserà a questo dossier. Il ministro belga degli Affari esteri esige che il suo omologo transalpino «fornisca chiarimenti senza tardare». Il ministro fiammingo della Cultura accusa addirittura «la mafia italiana di aver preparato una trappola». Il governo belga lascia perfino cadere una minaccia sulla continuazione delle relazioni diplomatiche. Nel frattempo, Eddy Merckx prende un mese di sospensione, dal 1° giugno al 1° luglio. I calcoli si fanno in fretta: il Tour de France che inizia il 28 giugno partirà senza di lui. Da quel momento, comincia una battaglia di esperti e di avvocati. La Faema esige, come ne ha il diritto, di prendere visione dello spettrometro delle urine del suo corridore. Le federazioni italiana e belga si passano la palla, è la federazione internazionale del ciclismo che decide. Nessuno vedrà i risultati, poiché si sono accumulati degli errori di procedura: il secondo campione non è stato stappato in presenza del corridore. Le due provette di urina sono poi state svuotate. Marino Vigna, che ne sa molto sulla forma e sulla sostanza di questa vicenda, prosegue: «Prima di lasciare l'hotel, venti ore dopo il controllo ufficiale, il nostro manager Giacotto ha riunito i corridori, i massaggiatori, i meccanici e i direttori sportivi per fare un controllo antidoping sotto l'autorità di un ufficiale giudiziario e in presenza del signor Prisco, l'avvocato dell'Inter. Erano presenti anche tre giornalisti: Gianpaolo Ormezzano del quotidiano italiano "Tuttosport",

Michel Seassau del giornale "L'Équipe" e René Jacobs di "Les Sports". La sera stessa, i campioni sono stati portati all'Istituto medico-legale di Milano. Nessuna traccia di amfetamina, che solitamente ha una permanenza nell'organismo di quarantotto ore, è stata trovata. Merckx non poteva essere sanzionato e il presidente della federazione italiana, Adriano Rodoni, ha tolto la sospensione "a beneficio del dubbio"».

Questo rocambolesco affare, degno di un caso irrisolto, è tornato in superficie nel 2004, mentre il Giro faceva tappa a Bormio. Sempre Vigna: «Ho ricevuto una telefonata da Ercole Baldini che mi dice: "Ho tutti i dettagli sul controllo di Savona. Chi è stato e per quanto. Se Eddy vuole sapere qualcosa, che mi chiami". Ho chiamato Eddy. Dall'altro lato del telefono, c'è stato un momento di silenzio, poi ha detto: "Mi sono già vendicato abbastanza. Va bene così"».

Orduña, 14 maggio 1973

«*Quando facevo l'amore, mi obbligavo a pensare a Merckx per scatenarmi.*»
Luis Ocaña, vincitore del Tour de France '73

Le minacce, gli insulti, gli sputi hanno avuto la meglio su Merckx. Troppo odio. La sua crescente impopolarità in Francia dopo quattro vittorie di seguito del Tour de France, aggiunta ai premi di un milione di pesetas (6000 euro), offerti dall'organizzatore della Vuelta e decisamente consistenti per l'epoca, convincono il belga nel 1973 a spostare il centro di gravità della sua stagione verso la Spagna e l'Italia. Ma gli organizzatori del Tour de France ci sperano ancora. E se disputasse tutti e tre i grandi Tour?

Per la prima volta, Merckx si allinea quindi alla partenza della Vuelta, che critici di tutti i partiti denunciano come una Vuelta "*afeitada*", o piallata, come si dice delle corride truccate quando i tori "passano dal parrucchiere" per un colpo di lima sulle corna prima di entrare nell'arena. Il disappunto di Ocaña si concentra sulla mancanza di montagne, a eccezione del Col d'Orduña, in territorio basco, noto per essere ripido e irregolare ma che, comparato alle tappe dei Pirenei, delle Alpi o delle Dolomiti, ha tutta l'aria di una difficoltà lillipuziana. D'altra parte, i bonus sono distribuiti a piene mani a ogni arrivo di tappa e in numerosi sprint intermedi, detti le "*metas volantes*". Luis Ocaña s'indigna: «Il tracciato di questa Vuelta è uno scandalo. Nessuna montagna e bonus fino alla porta degli hotel, perché Merckx vinca fumando la pipa».

Due eventi sono avvenuti alla fine di quel mese di marzo di cui il 30 è una data storica per il campione di Spagna. Per la prima volta in tutta la sua carriera, batte Merckx in una cronometro. L'episodio avviene durante la Settimana Catalana, tra Vallvidrera e Molins de Rei, su tredici chilometri dove ventotto secondi li separano all'arrivo. Ocaña rincara: «È solo l'antipasto di quello che aspetta a Merckx al Tour de France». Durante quell'inizio di stagione, Luis vola. Fa scalpore ovunque passa: Settimana Catalana, Giro dei Paesi Baschi, Delfinato. Nessuno gli resiste. È fiducioso. Poiché sa che al prossimo Tour de France c'è del pavé compreso nel menù, si presenta alla Parigi-Roubaix, un'altra prima volta per lui, vinta da Merckx tra freddo, pioggia e fango. Ocaña arriva mezz'ora più tardi, 29°, ma festeggia: «Non sono, come dicono alcuni, un corridore di cristallo». Più concreto ancora, pensando al sole di luglio: «Questa volta me lo pago, quel cretino del Cannibale». Lo sa, Luis, che il popolo ama la sua verve, il suo gusto per il combattimento, la sua maniera di mettere le parole in musica, quelle immagini che solo lui può inventare. Per esempio: «Quando facevo l'amore, mi obbligavo a pensare a Merckx per scatenarmi», confidenza tratta da *Perdants magnifiques*,[29] il libro di Xavier Garcia che magnifico lo è. Siamo alla frontiera di un pathos freudiano psicosessuale ciclistico, ma non importa, la legge di Merckx lo fa andare fuori di sé. Possiamo percepire nelle frasi di Luis un gusto per la vendetta, di furore di vivere, un debole per la rivolta. Ne fa quasi una questione prettamente spagnola, come l'onore, la gelosia, la miseria o la guerra civile, dalla quale suo padre, che portava il suo stesso nome, è fuggito.

Ocaña è reduce da due sconfitte consecutive al Tour de France. Nel 1971 a causa di una caduta sul Col de Menté, dove in una curva in discesa una targa ricorda quel tragico lunedì 12 luglio, che Antoine Blondin ha immortalato nella sua appassionata cronaca: «Di questo Tour, Ocaña forse non era il migliore, però ne era il sole». Stessa fine ma per abbandono nel 1972, a causa di una polmonite. Allora, lo giura, non ci sarà una terza volta. È anche vigorosamente in disaccordo con le opinioni del suo datore di lavoro, Christian Darras, capomarketing della società Bic, che dice che «quella caduta sul Col de Menté è la miglior cosa che potesse succedere alla nostra società su un piano pubblicitario. Dopo, Luis è diventato un eroe da tragedia greca, ammirabile e ammirato dal grande pubblico, ad anni luce di distanza dall'orco Merckx». Una frase raccolta dal giornalista spagnolo Carlos Arribas. L'*hidalgo* è fiero. In Spagna lo si sa bene, un uomo forte si rialza sempre, perché «*los españoles, todo lo saben re-*

[29] Xavier Garcia, *Perdants magnifiques. L'art de s'incliner avec panache en 10 portraits*, Solar, Parigi 2023.

solver por cojones, y tu eres uno de ellos, Luis».[30] Sa comunque che questa massima popolare colorita e palesemente machista non sarà sufficiente a risolvere il dilemma Merckx, neanche mettendoli sul tavolo.

Quando avviene il secondo evento è la fine della Settimana Catalana, durante la quale Merckx ha dovuto piegarsi di fronte a lui – una sconfitta che comunque non ha niente di straordinario se paragonata a una campagna di Classiche sotto il soffio minaccioso dell'orco: Liegi-Bastogne-Liegi per la quarta volta, Parigi-Roubaix e Gand-Wevelgem per la terza volta, Het Volk per la seconda e l'Amstel Gold Race per una prima. Ma l'informazione che divulga Merckx in Catalogna è un vero e proprio colpo che stordisce Luis. Il suo eterno rivale, il nemico giurato che anni più tardi gli tenderà la mano per tirarlo fuori dai guai legati al suo fallimentare business di produzione di Armagnac, permettendogli di smaltire le migliaia di bottiglie invendute immagazzinate nelle sue cantine, annuncia ufficialmente che a causa del clima di odio nei suoi confronti non parteciperà al Tour de France. Ocaña crede subito a un bluff, ma si deve velocemente arrendere all'evidenza. Dopo la Vuelta e il Giro, che inizia quattro giorni più tardi, Merckx non disputerà un terzo gran Tour di seguito. Utilizzerà la pausa di luglio per preparare la fine della stagione. Come provocazione, alla fine della Vuelta, annuncia anche la sua tripletta per il Tour che sta per iniziare: 1° Fuente; 2° Zoetemelk; 3° Poulidor. Ocaña si rode il fegato.

30 «Gli spagnoli sanno risolvere tutto con le palle, e tu sei uno di loro, Luis.»

In quella Vuelta, dal 26 aprile al 13 maggio 1973, da Calpe a San Sebastián, in assenza del campione in carica José Manuel Fuente, che preferisce andare a sfidare Merckx sulle Dolomiti, tutto va come previsto da Ocaña. Dopo una settimana, grazie al solo gioco dei bonus, il suo ritardo sfiora i due minuti. «È molto semplice: Merckx scattava anche quando vedeva un cartellone pubblicitario» si divertiva a raccontare il corridore basco Txomin Perurena, un uomo per tutti i terreni, che si aggiudicherà il premio per il miglior scalatore durate il Tour del 1974 davanti al compatriota José Luis Abilleira. Ma "Peru", che manca a tutti noi, sapeva gestire gli effetti speciali e teneva sempre il meglio per la fine: «Verso Bilbao, come tutti i giorni, il belga era a caccia di bonus con le *metas volantes*. Il gruppo pedala tranquillo quando improvvisamente, nell'incomprensione generale, Merckx scatta. Guadagna venti metri e passa per primo sotto uno striscione teso tra due pali, che in realtà era una protesta del Partito comunista, all'epoca clandestino, che denunciava le condizioni dei lavoratori in una fabbrica nelle vicinanze».

Ocaña ha girato e rigirato il programma di gara della Vuelta per trovarci una finestra di tiro. L'ha trovata solo alla sedicesima tappa, tra Torrelavega e Miranda de Ebro, 203 chilometri. Se ne frega che arrivi troppo tardi, quando Merckx è ben sistemato ai comandi e non può più essere battuto. Il giorno seguente è il capolinea a San Sebastián. Sul programma, Luis ha sottolineato il Col d'Orduña: novecento metri di altitudine, lungo otto chilometri, pendenza media dell'otto per cento fino al quattordici per cento in cresta. È lì, sul suo terreno, che vuole lanciare una sfida da uomo a uomo al leader della Vuelta. Questione d'onore. Pronto a riscrivere una pagina della mitologia: Ettore-Ocaña contro Achille-Merckx, a meno che non si tratti di David-Ocaña di fronte a Golia-Merckx. Dentro di lui c'è sempre quella piccola scintilla che gli ricorda Orcières, durante il Tour de France del 1971. Sa che quella scintilla può scatenare i fuochi d'artificio o forse addirittura un incendio. È quindi sulle salite di Orduña che preparerà il gran finale.

Tutta la Vizcaya si è data appuntamento a bordo strada per pedalare con Ocaña. Lungo i tornanti del colle, il fervore basco è incandescente. Sotto un sole ancora invernale che indurisce il dorso verde della Sierra Salvada, Luis attacca. «Vuole che Merckx se lo ricordi» dice un famoso brano bretone. In cima, il campione di Spagna è solo. *Al di sopra della gente*. È riuscito a piegare "l'Altro" – come lo chiama a volte. Che cosa gli resta al momento di passare sul versante opposto dove Merckx, decisamente miglior discesista, lo raggiungerà presto? «Una certa gioia nelle gambe» dirà lui. E l'onore. L'ombra smisurata del Don Chisciotte si delinea in lontananza.

Durante questa Vuelta, Merckx si è preso quasi tutto: classifica generale, sei vittorie di tappa, classifica a punti e classifica di regolarità. Ai suoi trofei di caccia manca solo il Gran Premio della montagna, che gli ha soffiato José Luis Abilleira, uno scalatore testardo che si allena tutto l'anno sui colli della Sierra de Guadarrama, vicino a Madrid. Alcuni ricordi felici del montanaro castigliano: «Merckx ne ha fatto una questione personale. Ovunque ci fossero dei punti da prendere, metteva le sue moto in pista, lui in scia, e li faceva salire i colli in sprint sperando di lasciarmi indietro. Mi ha stretto la mano solo l'ultimo giorno, sul podio. Quella maglia di miglior scalatore è il più grande onore della mia carriera e della mia vita. L'anno seguente, durante il Tour de France, mi ha chiesto se volessi correre nella sua squadra, ma mi rimaneva un anno di contratto con La Casera de Federico Bahamontes, che non ha voluto lasciarmi andare».

Luis Ocaña deluderà il pronostico del Cannibale schiacciando il Tour 1973 "alla Merckx": sei vittorie di tappa e Bernard Thévenet, secondo in classifica generale, dietro di 15 minuti e 51 secondi. Ma ogni vittoria comporta una punta d'amarezza. Senza Merckx, la tonalità di quella maglia gialla è più pallida. Infatti, non è quella che Luis ha inquadrato come una reliquia nel suo studio, ma un'altra tunica gialla, quella vera, la sua seconda pelle macchiata di sangue e fango in seguito alla caduta nella discesa dal Menté. In verità Luis, che si è suicidato nel 1994, non ha mai superato il lutto dell'assenza di Eddy quell'anno. Alla lunga, tutto ciò è diventato un'ossessione. Un'idea fissa, un appuntamento mancato con la storia.

Sanremo

«Conosci molte lotterie dove il numero vincente esce sette volte su dieci?»
Eddy Merckx

Avrebbero dovuto chiamare Eddy il ciclone che ha soffiato su Sanremo tra il 1966 e il 1976. Eddy I, Eddy II, Eddy III... Fino a Eddy VII. Eddy Merckx ha vent'anni quando la Primavera lo incorona per la prima volta, in via Roma, nel 1966. È la sua prima partecipazione a una Classica internazionale e anche la prima volta in cui supera i 250 chilometri di gara. Porta la maglia bianca a scacchi della Peugeot, ed è ancora un giovane corridore che ottiene di slancio qualcosa che sembrava inaccessibile. Non è semplicemente un tiro fortunato di dadi. Già alla fine di quella stessa stagione, ottiene altri due risultati di prestigio: un secondo posto al Lombardia, gara che non riesce a vincere a causa di una manovra di Vittorio Adorni; e un primo posto al Trofeo Baracchi, in coppia con Ferdinand Bracke. Al momento di partire per le vacanze invernali è lui, Merckx, che conta il più gran numero di vittorie: venti in novantanove giorni di gara. Walter Godefroot, campione del Belgio, ne conta sedici; Willy Planckaert, maglia verde al Tour de France, e Ward Sels, vincitore del Giro delle Fiandre, sono a tredici; Rik Van Looy, sulla strada del declino, a dodici.

"Eddy II", sempre con la maglia Peugeot, è recidivo nel 1967. La concorrenza può anche scrutare, sorvegliare, spiare tutti i suoi movimenti, ma è in prima linea in cima al Turchino, prima difficoltà che funge da trait d'union tra la Pianura Padana e la discesa sul Golfo di Genova. Quando Gianni Motta sferra un attacco secco a Capo Berta, sul lungomare a cinquanta chilometri da Sanremo, Merckx è il primo a inseguirlo. Il peloton è sparpagliato. Motta, di due anni più vecchio, ha più esperienza ed è anche più furbo. Ha vinto l'ultimo Giro e, durante quel finale, sta usando le sue ruote da allenamento. Cinquantasette anni dopo, sul suo divano, tra risate e confidenze, Motta ricorda i dettagli di quegli istanti: «Il mio istinto mi ha avvertito che c'era qualcuno dietro, ma non era questione di girarmi a guardare. Butto un'occhiata da sotto il gomito e valuto che quella maglia bianca dev'essere a circa trecento metri. So, senza riconoscerlo, che si tratta di Merckx. Se vuole raggiungermi bisogna che si sfianchi, quindi accelero. L'inseguimento è durato cinque chilometri, ed ecco come ci siamo ritrovati gomito a gomito per la prima e non ultima volta. Non sapevo niente di lui, a parte che aveva vinto una volta a Sanremo. Entrambi eravamo molto sicuri di noi, perché abbiamo collaborato subito, senza discutere. Una buona intesa almeno fino ai piedi del Poggio. Lì, ho visto che era davvero forte. Ha cercato di staccarmi almeno dieci volte. Dieci volte sono tornato. E, visto che era cosa comune in quegli anni là, ho cercato di negoziare. Eravamo a tutta velocità in discesa, non so come abbiamo fatto a parlare. Gli ho detto "Voglio vincere" e sono sicuro che lui mi abbia risposto "Sì". Non mi ricordo cosa gli promisi in cambio, ma tacitamente eravamo d'accordo. E all'improvviso, sulla via Aurelia, allertati dal rumore delle macchine, ci siamo girati e a cinquanta metri c'erano Bitossi e Gimondi. Alla fontana, dove inizia via Roma, eravamo quattro e mancavano trecento metri. Sono partito in sprint sulla destra, Bitossi è subito venuto a chiudermi. Ho dato un piccolo colpo di freni, abbastanza per perdere una lunghezza, esattamente lo scarto che mi separa da Merckx sulla linea d'arrivo. Non ne abbiamo mai più parlato».

Durante la stesura di questo libro una domanda è tornata più e più volte: com'è possibile che una squadra della portata di Peugeot, così prospera, in piena espansione durante gli anni Settanta, si sia lasciata scappare un corridore di qualità come Eddy Merckx? Perché non ha fatto in modo di allungare il suo contratto, di accordargli dei gregari belgi che chiedeva? La risposta è sempre la stessa. Christian Raymond, inventore del "Cannibale", lo spiega con ironia (quasi una sceneggiatura di Audiard): «In Gaston (Plaud), il nostro direttore sportivo, non c'è mai stata separazione tra il cervello e lo stomaco. Preferiva la terrina di foie gras in gelatina al porto piuttosto che la tattica di gara. Al volante, durante le tappe, era giusto in rappresentanza. Il suo lavoro di direttore sportivo veniva dopo il protocollo della serata. Oltre alla Milano-Sanremo del 1967, Merckx aggiunge anche alla lista nozze la Gand-Wevelgem, la Freccia Vallone e la maglia arcobaleno. Ma era troppo tardi, il divorzio si era già consumato, tutti sapevano che Eddy se ne sarebbe andato in Italia».

La prima Classica della stagione, la prima delle cinque Monumento in calendario, è anche la più lunga con i suoi trecento chilometri. Una distanza che lui, che l'ha già vinta sette volte, ha imparato a gestire: «Sono sempre arrivato alla partenza della Milano-Sanremo pronto al cento per cento. Il Giro di Sardegna, dove allungavo le tappe, e la Parigi-Nizza non sarebbero state sufficienti. Cominciavo la mia preparazione in inverno, durante le Sei Giorni. Nel 1966, avevo disputato quelle di Gand e di Bruxelles e ne avevo aggiunte due americane, a Rocourt e a Roubaix. Per le traiettorie, la precisione e i riflessi non c'è niente di meglio che la pista» ha spiegato al giornalista Robert Janssens. E ha anche aggiunto: «Quel muro di trecento chilometri è la chiave. Se la gara si disputasse su duecentocinquanta, ci sarebbero almeno venti sprinter in più all'arrivo. Ma sono trecento e non siamo molti a poter superare questo ostacolo. In volata, a livello di forza, ho tutte le possibilità di farcela».

Nessuno come lui possedeva quel sesto senso per intercettare il momento giusto e il posto giusto per spingere al massimo. La maggior parte delle volte succedeva al Poggio, una terrazza sul mare a centosessanta metri di altitudine. La strada sale con una pendenza dolce (3,7%) tra agrumeti, i piccoli giardini degli operai, gli uliveti, le serre abbandonate, la chiesa Bussana e infine la cabina telefonica della TIM, diventata culto ma vittima del modernismo e demolita da un Nerone d'ufficio nel luglio del 2023. Ultimo punto di riferimento prima della discesa, ha alimentato i sogni di molti potenziali vincitori. Tanto quanto la salita lunga tre chilometri e settecento metri ha un'aria bucolica, tanto la riva opposta, con i suoi ventitré tornanti, spesso a gomito, è selvaggia e traditrice. Merckx faceva la differenza sia su un versante sia sull'altro, ma eccelleva soprattutto grazie allo stile esplosivo, alla maniera di Tomba "La Bomba" in quello slalom un po' particolare di tre chilometri. Nel 1969, semina la moto della RAI. «Pensavo che si sarebbe ammazzato» ha esclamato Giacotto, il suo manager, all'arrivo. Nel 1972 Motta, per quanto molto bravo in discesa, è dietro di dodici secondi in cima e non riuscirà mai a raggiungerlo. Nel 1976, è un novellino di vent'anni che lo raggiunge esattamente al punto della cabina telefonica. Jean-Luc Vandenbroucke, inseguitore virtuoso, pensa di aver fatto la parte difficile del lavoro, ma si tuffa dall'altra parte in una sorta di lavandino che lo centrifuga e lo lustra: «Nei tornanti, i miei pedali sfioravano l'asfalto e provocavano delle scintille, non ho mai rivissuto niente di simile. Ma non mi ha mollato». Troppo contento di essere arrivato fin là sulla scia di Eddy VII. «Non ho osato disputare la volata. Ho rallentato a duecento metri dall'arrivo, non compaio nemmeno sulla foto.» Più tardi Vandenbroucke verrà a conoscenza di un suo declassamento a causa di un controllo positivo. «Hanno voluto sabotare la mia carriera» dice con amarezza. «La stessa cosa è successa a Eddy a Savona, durante il Giro del 1969. Posso giurare sulla testa dei miei figli che non avevo preso niente.»

Al giornalista belga Joël Godaert che suggerisce l'idea di una gara-lotteria, senza difficoltà importanti, il sette volte vincitore risponde: «Conosci molte lotterie dove il numero vincente esce sette volte su dieci?». Se questi successi hanno portato gioia, fierezza e buonumore al monarca della Sanremo, l'edizione 1971 sarà per sempre marchiata da lacrime, commozione e tristezza per aver perso un amico. Merckx sta vincendo la Parigi-Nizza quando, nella sua stanza a Saint-Rémy-de-Provence, viene a conoscenza della morte di Jean-Pierre Monseré, avvenuta lunedì 15 marzo durante la kermesse di Retie, a causa di una macchina che arrivava in direzione opposta. Quattro giorni dopo, il venerdì di San Giuseppe, Merckx è sulla linea di partenza della Milano-Sanremo. I funerali di Monseré sono fissati per l'indomani a Roeselare. Eddy promette di esserci e di posare ai piedi della bara il bouquet del vincitore. La gara si svolge in condizioni esecrabili, sotto una pioggia fredda, nel vento e nel gelo. Roger ed Eric De Vlaeminck, compagni di squadra di Monseré alla Flandria, annientati, non superano la metà della gara. Merckx tiene duro e vince. Il sabato mattina è a Roeselare con il bouquet della Milano-Sanremo per l'ultimo omaggio al suo amico, falciato a ventidue anni, in piena gloria.

Ne è passata di acqua del Po sotto i ponti, i tempi sono cambiati e ormai i campioni del XXI secolo si valutano in watt, ma la Milano-Sanremo continua a esercitare lo stesso fascino sulle generazioni che sfilano. All'inizio del secolo scorso, il belga Cyrille Van Hauwaert parte in bici da casa sua a Moorslede, nelle Fiandre Occidentali, per andare fino in Italia come allenamento e vince l'edizione del 1908. Mathieu van der Poel, vincitore dell'edizione 2023, ha condiviso i dati della sua Milano-Sanremo (5°) sull'applicazione Strava. Sui 3,7 chilometri della salita del Poggio l'olandese ha sviluppato una potenza di 497 watt per 5 minuti e 42 secondi. Anche Tadej Pogačar e Wout Van Aert hanno condiviso i loro dati. Sempre secondo Strava, sarebbero dal 2023 i nuovi codetentori del record della salita con 5 minuti e 36 secondi, con una media di

39 km/h! La collina del Poggio, inserita nel percorso per la prima volta nel 1960, un modesto rilievo, è secondo Alexandre Roos, giornalista di «L'Équipe», «un cimitero di sogni, il capolinea delle fantasie. Tutti ne conoscono ogni centimetro, sanno dove si deve attaccare – a 1,5 chilometri dalla cima, dopo il corto pianoro all'altezza del Santuario della Madonna della Guardia, dove la Vergine Maria sarebbe apparsa nel XVII secolo a Giovanni Peri, un contadino della zona, ma il Poggio non si lascia raggirare spesso».[31]

Anno dopo anno, questo piccolo mostro gentile ipnotizza ancora, e molti documentari hanno cercato di svelarne il mistero. Quello realizzato nel 2019 da due pazzi della bici, Nicolas Loth e Laurent Galinon, si può trovare sul sito La Bordure e fa soffiare un refolo di tenerezza ed emozione su questa magica montagnetta che detiene il potere, in cinque minuti di cronometro, di mandare un corridore sulla Luna o di invitarlo a tornare l'anno seguente. Coincidenze o no, nel 2019 il vincitore si chiamava Julian Alaphilippe. Nel frattempo, Eddy Merckx, trasformato in Pegaso sulla sua collina, rimane ancora per molto il padrone di casa.

[31] Collectif (prefazione di Marc Madiot), *Les monuments du cyclisme*, Solar, Parigi 2022.

Meerbeke

«Merckx a volte andava così forte che eravamo sollevati quando lo vedevamo partire.»
André Dierickx, 2° alla Ronde 1972

Nelle Classiche, alcune elevate al rango di Monumento, il peloton, come la natura, è condotto da un principio darwiniano: la più bella va al più valoroso. E durante queste gare in giornata Eddy Merckx lo è stato anche più del dovuto, audace e generoso. È l'unico e il solo ad annoverare diciannove Monumento nel suo palmarès. È quello che potremmo definire "un campione del terzo tipo" e il suo nome sarà per sempre associato alla storia e alla leggenda del ciclismo belga, come i *béguinages*, parte del patrimonio dell'Unesco, sono per sempre legati all'immagine delle Fiandre. Nessuna delle cinque Monumento gli è sfuggita. Le note della sua rapsodia hanno come repertorio sette Milano-Sanremo, due Giri delle Fiandre, tre Parigi-Roubaix, cinque Liegi-Bastogne-Liegi e due Lombardia.

Fermiamoci un attimo sul "De Ronde", l'appellativo fiammingo del Giro delle Fiandre. Con i suoi monti e sentieri pavimentati, che si intravedono appena sotto la copertura degli alberi e che si piegano improvvisamente sotto le ruote del ciclista, la Ronde è un paesaggio d'altri tempi. Due elementi naturali costituiscono la sua reputazione, il pavé e i monti. Iniziamo dal pavé: ingrato, tagliente, così terribile che alcuni romanzieri vedevano tra le crepe «la flora delle streghe e lo zolfo del diavolo».[32] Il giornalista di «L'Équipe» Pierre Callewaert sottolinea che i pavé della Ronde, *kasseien* in fiammingo o *kinderkoppen* – letteralmente "teste di bambini", a causa della loro dimensione simile a quella del cranio di un monello – sono oggi classificati. Puliti, tagliati di nuovo se necessario, ciascuno di questi spaventosi cubi di porfido racconta la storia di quello che Callewaert chiama «il Giro dei matti». E poi i monti, che danno alla Ronde un profilo altimetrico straordinario. Le loro salite sono a volte così ripide che diventano dei veri e propri muri, come il Grammont o il Geraardsbergen, la "piccola città sulla montagna" per gli autoctoni.

Frans Verbeeck, un ostinato, testardo, accanito, due volte secondo nelle Fiandre, incarna lo stereotipo del corridore belga di fronte alla salsa fiamminga. Non è mai arrivato più indietro del nono posto in sette partecipazioni, e la sua ricetta per superare i monti la dice lunga sulla mentalità dei corridori fiamminghi prima della partenza: «Bisogna prenderli d'assalto, mordere, volerlo più di ogni altra cosa». Della medesima scuola c'è André Dierickx, un altro famoso lupo del pavé, 2° alla Ronde e alla Parigi-Roubaix del 1972, fatto della stessa pasta, che sapeva fare tutto su quelle strade ma le cui constatazioni sono piene di fatalismo: «Merckx a volte andava così forte che

[32] Joris-Karl Huysmans.

eravamo sollevati nel vederlo partire. Sul pavé girava sempre con un rapporto più duro, un 53 x 13, mentre noi eravamo al massimo con il 53 x 14 o il 53 x 15».

Ed eccoci qui. Merckx ha vinto due volte il Giro delle Fiandre (1969 e 1975) ed è arrivato quattro volte terzo (1967, 1970, 1973 e 1974) su dodici partecipazioni. Ha ventitré anni la prima volta, nel 1969, quando schiaccia i suoi avversari anche grazie a un meteo spaventoso. Il vento del Nord è glaciale, piove molto forte e le tempeste di neve che trasformano gli spettatori in statue danno l'impressione di essere in un romanzo di Simenon. In testa, ancora accompagnato dai quattro italiani Gimondi, Bitossi, Basso e Zilioli, Merckx dà i cambi senza battere ciglio, fino a quando a settanta chilometri dall'arrivo, in un falsopiano in salita, si sbarazza della *squadra*.[33] Con lo sguardo di una giovane belva, vento contro, sotto la pioggia, non molla. C'è dell'apprensione al volante della macchina Faema. Guillaume Driessens, il suo direttore sportivo: «Sei impazzito o cosa? Aspetta il gruppo dietro». Il giornalista Robert Jansses, che copre l'evento per il quotidiano fiammingo «Het Laatste Nieuws», avrà più tardi il privilegio di conoscere la risposta di Merckx a Driessens. «Col cazzo!» E lo scarto con gli inseguitori non smette di aumentare. Gimondi, 2°, accusa sei minuti di ritardo all'arrivo a Meerbeke, Basso quasi otto. L'exploit del Cannibale resta uno dei più impressionanti mai avvenuti nella storia della Ronde. Un ricordo di Robert Janssens a proposito della controversia in gara con Driessens, che Merckx non amava particolarmente: «All'epoca, avrei

[33] In italiano nel testo (N.d.T.).

detto che anche un sagrestano della parrocchia avrebbe potuto fare il direttore sportivo. Un panettiere o un conducente di tram avrebbero potuto sostituire Driessens senza problemi. Merckx non aveva bisogno di nessuno che gli suggerisse una tattica di gara. Faceva quello che voleva, dove voleva e quando decideva di farlo».

La stagione 1969 è una delle più ricche della sua carriera (quarantatré vittorie su centoventinove giorni di corsa) e la sua campagna di Classiche con la Milano-Sanremo, il Giro delle Fiandre e la Liegi-Bastogne-Liegi è stupefacente. Seguirà una lunga dominazione da parte di Eric Leman (1970, 1972, 1973) prima che Eddy Merckx ripeta un'altra impresa di successo, nel 1975, dopo più di cento chilometri in fuga insieme a Frans Verbeeck che farà molta fatica a dargli i cambi: «Quando passavo in testa il ritmo scendeva di due o tre chilometri orari, ma davo tutto quello che avevo. Merckx ha notato che non stavo fingendo e nel Bosberg mi ha chiaramente aspettato, cosa che mi ha permesso di salvare il mio secondo posto. Andava avanti come un demonio e già nella dura salita del Muro del Grammont gli avevo urlato: "Rallenta un po', sono cotto"».

"Il Lattaio volante", com'è soprannominato Verbeeck per il suo primo lavoro, finirà in agonia: «Non vedevo più in là di dieci metri, avevo la nebbia davanti agli occhi e per precauzione ho preferito non mettermi al volante per rientrare a casa la sera». Nel 1975, come nel 1969, Merckx vince le stesse tre Monumento: Milano-Sanremo, Fiandre e Liegi-Bastogne-Liegi (con in aggiunta l'Amstel Gold Race nel 1975), per un totale di trentotto vittorie in centocinquantuno giorni di corsa.

Disputerà altre due Ronde. Nell'edizione 1976 viene inglobato dalla massa (17°) – la fine della sua carriera si avvicina ma lui non lo sa – e nel 1977 abbandona. Nel corso di queste sue dodici presenze il “grande Merckx” ha messo un piede a terra solo una volta su una salita, il Koppenberg, terrore della Ronde, sentiero medievale percorso soltanto dai carretti con un pavé mostruoso e una pendenza che in alcuni punti raggiunge il ventidue per cento. Walter Godefroot, vincitore nel 1968, l’aveva trovato casualmente durante un allenamento nel 1970. Quando ha raccontato agli organizzatori di questa sua scoperta, con aria furba si è curato di aggiungere: «Conosco un sentiero che vi piacerà, ma non ve lo indicherò se non alla fine della mia carriera. Non ho nessuna intenzione di passarci in gara».[34] Rallentato da una caduta in mezzo al gruppo, nel 1976 Merckx percorre a piedi, con la bici in mano, quel che resta dei 682 metri del Koppenberg. Quell’immagine ha fatto il giro del mondo. Il quotidiano giapponese «Mainichi Shinbun» l’ha pubblicata un giorno con questa didascalia: «Dio sceso tra gli uomini».

[34] Dalla rivista «Bahamontes».

Roubaix

«De Vlaeminck è all'interno. Merckx risale. Merckx è più forte. Merckx avrà la meglio... Merckx. Merckx. Merckx... Merda, è l'altro.»

Luc Varenne, ai microfoni della RTB, all'arrivo, nel 1975

Parigi-Roubaix è l'epicentro di un certo qualcosa, durante la stagione, un sogno, un'angoscia, un fantasma, un regalo di nozze. Quando sposa Claudine Acou, il 5 dicembre 1967, Eddy Merckx, già campione del mondo e vincitore di due Milano-Sanremo, le promette che gliela regalerà. Questa Monumento pavimentata, e non solo di buone intenzioni, è un pezzo di bravura, una lunga traiettoria caotica che esige qualità specifiche, carattere e la capacità di adattarsi alle condizioni meteorologiche. La pioggia, il fango, il vento, la polvere appartengono effettivamente alla coreografia della primavera che rende la gara ancora più bella. Un vestito su misura per un corridore fiammingo che si nutre di questi elementi da tutta la vita. E ci sono quei nomi del passato, prestigiosi, Lapize, Speicher, Leducq, Pélissier, Coppi, Bobet, Forestier, Van Steenbergen, Cerami, che fluttuano su Mons-en-Pévèle, sul Carrefour de l'Arbre, su Tilloy-lez-Marchiennes, su Camphin-en-Pévèle, dei settori di pavé cinque stelle che plasmano la determinazione e raccontano delle storie. Questi gladiatori del pavé meritano un omaggio e, dal 1966, come in una specie di Hollywood Boulevard, delle targhe in ottone impreziosite dal nome del vincitore sono poste nelle docce del velodromo, dove si cancellano le tracce di un combattimento che dura più di sei ore. Una sola volta la Parigi-Roubaix ha contravvenuto la regola e reso immortali due nomi, il primo e l'ultimo, nel 1968: Eddy Merckx e Philippe Crépel, di Lilla.

Il 7 aprile 1968, quattro mesi dopo le nozze, il Cannibale aggiunge al suo cesto di doni nuziali anche il suo primo pavé, salvando la sua stagione delle Classiche. Ne vincerà altri due, nel 1970 e nel 1973 e, su dodici partecipazioni, ha sempre raggiunto Roubaix. Tre vittorie, come Rick Van Looy, ma una di meno di Roger De Vlaeminck, suo miglior nemico sul pavé. L'edizione del 1968, ventata e soleggiata, passa per la prima volta su un nuovo settore che l'ex campione del mondo Jean Stablinski, figlio del Valenciennes, ha scovato in un vecchio sito minerario abbandonato. La Drève des Boules d'Hérin, detta anche Trouée d'Arenberg, non sa ancora che diventerà il punto nevralgico della Parigi-Roubaix, la leggenda delle leggende. Drève, Trouée, Tranchée per altri. Lo stesso nome che colpisce. Duemilaquattrocento metri di traversata, di pavé ingannevole, ricoperto di fango, percorsi dalla notte dei tempi. Dai *Poilu*, i soldati della Prima guerra mondiale, che camminano dietro il cannone tirato da un Ronzinante. Dai *Gueules Noires*, i minatori che scendono nei pozzi di carbone. Dai contadini che trasportano carichi di barbabietole o dal giovane Stablinski, ex *galibot* in miniera, che torna in bicicletta dalla fiera la domenica sera, con la fisarmonica sulla schiena. Era mille anni fa.

Per i corridori, la Parigi-Roubaix e i suoi pavé sono un territorio comanche. Entrambi fanno leva sul selvaggio, entrambi feriscono, entrambi impongono di attaccare senza riflettere. Merckx è di quella tempra lì. In ogni condizione. Nel 1968, solo Van Springel gli resiste fino al velodromo. Lo sprint è una formalità. Affaticato da una faringite, l'anno successivo si deve piegare (arriverà secondo) al blocco dei quattro Flandria: Godefroot, il vincitore, i fratelli De Vlaeminck e Leman. Uno scenario identico si ripeterà nel 1970: Merckx contro quattro Flandria, i due De Vlaeminck, Leman e Dierickx ma, questa volta, sotto la pioggia, il vento, nel fango, sfianca la concorrenza. "Il Gitano", secondo, è dietro di più di cinque minuti, a Roubaix. In Francia compaiono i primi segnali di nervosismo. Jean Leulliot, organizzatore della Parigi-Nizza, che ne redige la cronaca sul giornale «L'Aurore», scrive: «A questo ritmo, Eddy Merckx può uccidere la disciplina del ciclismo».

Nel 1971, Roger Rosiers, con la casacca della Bic, s'impone in solitaria, a discapito di una caduta e tre forature. Una sorta di ussaro sul pavé perché sapeva di doversela vedere da solo, spiega: «Al primo rifornimento, non avevo più nessun gregario con me per farmi passare una ruota se avessi bucato. Per un francese, venire a correre in Belgio o gareggiare nella Parigi-Roubaix, con il vento di traverso, sotto la pioggia, era una punizione. Quando ho attaccato sul finale, né Merckx né gli altri sono riusciti a seguirmi». Nel 1973, vediamo di nuovo un grande Merckx. Rosiers, con ammirazione: «Pioggia fin dalla partenza. Un tempo terribile. Dopo metà gara, mi ritrovo a pedalare con quelli forti: De Vlaeminck, Godefroot, Maertens, Verbeeck, Walter Planckaert e Van Springel, ma Merckx non c'è. Usciamo da una sezione di pavé e sull'asfalto si riparte a sessanta chilometri orari, naso sul manubrio, per aumentare ancora il distacco. Ci diciamo che la selezione è fatta, quando d'un tratto vediamo arrivare Merckx, che mangiava un cracker, con un piccolo sorriso, l'aria da "Ragazzi, vi siete dimenticati di me?". Abbiamo attaccato uno dopo l'altro per farlo cedere, ma siamo stati noi a cadere. Poi se ne è andato quando ha voluto. Nei suoi momenti migliori nessuno poteva tenergli testa. Troppo forte».

Nessuno, tranne uno: Roger De Vlaeminck. Nel 1974, il Gitano aveva piegato Moser. Per provocazione, e perché non apprezzava molto l'italiano, risponde a un giornalista: «Ho patito solo per delle vesciche alle mani». Durante l'edizione seguente, arriva per sfidare Merckx, autore di una Primavera delle Classiche da togliere il fiato: Milano-Sanremo, Giro delle Fiandre, Amstel Gold Race e presto Liegi-Bastogne-Liegi. Il futuro cinque volte campione del Tour si ritrova in un piccolo gruppo sul finale, in compagnia di Dierickx, Demeyer e De Vlaeminck. In vista delle prime case di Roubaix, Merckx è vittima di una foratura, recupera quasi subito ed entrano in quattro nel velodromo. Sulla tribuna della stampa, Luc Varenne, il celebre radioreporter della RTB, la radiotelevisione belga, gonfia la scena. Questo ex membro della Legione straniera, appassionato, volubile, che è anche stato un attore di cinema e collaboratore in *Tintin*, è uno dei grandi sostenitori di Eddy Merckx. Si entusiasma, è sicuro che «il suo puledro» vincerà la sua quarta Parigi-Roubaix. Così commenta la volata, l'ultima linea retta: «De Vlaeminck è all'interno. Merckx risale. Merckx è più forte. Merckx avrà la meglio... Merckx. Merckx. Merckx... Merda, è l'altro».

Il vincitore glielo rinfaccerà per lungo tempo, ma non è questo che importa. L'importante è che questi due "mostri" sono pari ovunque, ormai: 1968, 1970 e 1973 per Eddy; 1972, 1974 e 1975 per Roger. I loro destini corrono paralleli. Un fremito d'ego, è naturale, però non c'è gelosia tra di loro. I due migliori corridori delle Classiche si apprezzano, si rispettano. Il fantasma del quarto pavé prenderà vita. Nel 1977 è il match point e il sublime riprende il controllo. Come un angelo della morte, De Vlaeminck sfiora il pavé. Un'orgia di pavé, cinquantacinque chilometri in tutto, il suo cibo terrestre preferito. Zigzaga sopra la leggenda. È il primo di sempre a esibire un poker d'assi.

A Kaprijke, nel soggiorno di casa sua, ne solleva uno, lo accarezza sulla testa. Quant'è bello un pavé! Nelle sue mani si direbbe uno scettro, un gioiello, un'opera d'arte.

Liegi

«Nei suoi momenti migliori, toccava con la fronte il mento della Luna.»

Ernest Hemingway

Seduto su un divano nero, Eddy Merckx risponde al giornalista belga David Lehaire. Viso dalla struttura robusta, fronte segnata dal passare degli anni, due grandi rughe che partono dal naso e scendono verso la bocca, emana una certa serenità. La conversazione è fluida, comprende tutta l'attualità del momento. Realizzata nel mese di aprile 2024, questa intervista è sul sito DH Les Sports+. Quando si tratta delle sue preferenze, per esempio tra il Giro delle Fiandre e la Liegi-Bastogne-Liegi, Merckx non esita nemmeno un istante: «Liegi, perché è la più dura. La più continua». Ce lo confermerà: «Era il mio terreno. Dislivello e brutto tempo». Cinque vittorie, un secondo posto, un terzo posto in dieci presenze, nessuno ha fatto di meglio.

Certi anni, la Classica delle Ardenne, detta anche La Doyenne, non è ancora uscita dal tunnel dell'inverno quando arriva il suo turno sul calendario. In direzione di Bastogne, dove c'è ancora qualche grado in meno, il peloton si immerge nelle profonde Ardenne e nelle fitte foreste di pini, querce e betulle. Regione di carbonai e taglialegna. Regione di daini e caprioli. La Doyenne è l'anima del ciclismo vallone. A volte, la neve lascia delle tracce che non si cancellano mai. Nel 1980, durante l'edizione rinominata "Neve-Bastogne-Neve" (giocando sull'assonanza tra *neige* e Liège, in francese), a causa della durezza e della rudezza particolari di quell'anno, il gruppo affronta delle temperature prossime allo zero e una spaventosa tempesta di neve. Bernard Hinault, il vincitore, ha riportato dei congelamenti alle dita e ne porta ancora i segni.

Queste strade e questi paesaggi, che portano il peso della grande Storia – è da qui che sono passati nel 1914 i carri armati della Wehrmacht, i battaglioni di von Bülow, di Moltke, di Schlieffen e, venticinque anni più tardi, dell'armata dei Panzer – sono classificati tra le meraviglie naturali delle Ardenne. Ogni anno centinaia di cicloturisti prendono d'assalto queste colline dalla severa bellezza: il Muro di Stockeu dov'è stata eretta la stele Eddy Merckx; la Côte de Wanne da dove il Cannibale si è lanciato nel 1969 verso un'impresa incredibile; e la Haute Levée. Avvicinandosi a Liegi si sgrana il rosario delle difficoltà, con La Redoute, Les Forges – conosciuta come il ricordo di Stan Ockers, vincitore nel 1955 – e la Roche aux Faucons, la balconata calcarea di Liegi. La storia della Doyenne esalta, appassiona e affascina. Un giornalista del quale non sono riuscito a rintracciare il nome afferma che «questa Classica mette della bellezza laddove non c'è che natura». La sua popolarità esponenziale si può misurare in tre modi: basandosi sui nomi prestigiosi che imbelliscono il suo palmarès; a partire da quelle interminabili file di ciclisti amatori, non appena torna il bel tempo; a partire dal numero di bar che la costellano, unità di misura forse bizzarra ma che ha dato a Jean-Baptiste Baronian, autore del *Dictionnaire amoureux de la Belgique*, la geniale idea di proporre la creazione – perché no – di una «Strada delle birre, visto che esiste già una Strada dei vini in Francia». Alla sosta-rifornimento, il ciclista potrebbe rinfrancarsi con il locale luppolo fermentato che porta dei nomi pittoreschi, quasi incantatori, *Vapori di follia, Rosso Satana, Bionda coda di aratro, La marchesa scura, Ercole a vapore, Pelosetta bianca di Thy, Schiuma dei giorni*...

1969: la prima vittoria di Eddy Merckx. La sua audacia fantasiosa e la sua immaginazione hanno già segnato gli animi. A Milano-Sanremo per tre volte, al Giro delle Fiandre, a Roubaix. "L'Orco di Tervueren", il suo secondo soprannome, ama vincere sopra ogni cosa, ma non desidera delle vittorie ordinarie. Si può anche immaginare che preferirebbe una qualsiasi disfatta alla Giulio Cesare, purché sia grandiosa, a una vittoria al ribasso, mediocre, da quattro soldi. Quello che piace a Merckx sono le offensive in grande stile, di un certo calibro, spettacolari. Quando sferra il suo attacco decisivo, sulla salita di Wanne, gli rimangono più di cento chilometri da percorrere. Solo Victor Van Schil, suo gregario, può accompagnarlo. Ma gli ultimi ostacoli sono troppo duri per lui. Merckx lo incoraggia, «Non mollare, Vic! Mangia qualcosa», addirittura lo aspetta. I due Faema arrivano al velodromo di Rocourt con un comodo vantaggio di otto minuti. Ironia della sorte, Merckx ha anche il tempo di commentare al microfono della BRT lo sprint per il terzo posto (Barry Hoban). Un'altra versione, riportata dalla rivista «Bahamontes», racconta diversamente l'epopea di Merckx e Van Schil, oggi scomparso. Il giornalista Rik Van Puymbroeck si basa su testimonianze attendibili e afferma che, prima dell'ingresso sulla pista in terra battuta,[35] Merckx avrebbe chiesto al suo gregario: «Vic, vuoi vincere?». Cosa al quale Van Schil, suo fedele compagno, avrebbe risposto: «Oh, no! Anche se cadi, ti porterò in braccio affinché tu possa attraversare per primo la linea del traguardo». Realtà o leggenda, chi può dirlo.

Il 17 aprile 1970, alla partenza in piazza Saint-Lambert a Liegi, Merckx è di nuovo il grande favorito. Sul pavé della Parigi-Roubaix ha dato un vero e proprio spettacolo e lasciato Roger De Vlaeminck, suo grande rivale, indietro di più di cinque minuti. Sarà anche il più forte alla Gand-Wevelgem e alla Freccia Vallone, disputate dopo La Doyenne nel 1970. Sono sei in lotta per la vittoria nello stretto corridoio che sbuca nel velodromo. Merckx attento, sicuro di sé, tiene stretto il suo formaggio nel becco. Nella fiaba c'è solo una volpe, mentre qui i De Vlaeminck sono due. Gli altri tre in fuga, Verbeeck, Van Springel e Pintens puntano già ai premi di consolazione. Ultima curva prima di entrare in pista. Tutti si aspettano uno sprint quando, improvvisamente, appare nella luce solo Roger De Vlaeminck, con la maglia del campione del Belgio. Ha anche una bella manciata di secondi di vantaggio. Un giro e mezzo di pista più in là, ed ecco la gara nel suo palmarès. Cos'è successo? Merckx accusa i fratelli di averlo fregato. «Eric, che apriva la strada, mi ha schiacciato sulla sinistra, quasi spinto nel fosso, e Roger è filato via.» Durante il mio incontro con

[35] In caso di cattivo tempo, l'arrivo non si disputava sulla pista in cemento – resa troppo scivolosa dalla neve o dalle forti piogge –, ma sulla pista d'atletica in terra battuta (N.d.T.).

il Gitano a casa sua a Kaprijke, l'accusato ha voluto testimoniare la sua versione dei fatti. Applicandosi, su un foglio di carta A4, disegna le ultime curve del tunnel e tre pallini che quasi si toccano: «La strada non è molto larga. Poco più di questa tavola, direi tre metri. Eric è davanti, lato sinistro, Merckx in scia, io a destra. Tutto è successo in un lampo. Un cenno a mio fratello, lui chiude il passaggio a Merckx, io scatto. Non si possono rivedere le immagini, non c'è la telecamera in quel punto, ma quello che Merckx denuncia è un fatto di gara, non un'irregolarità. Se fosse stato più attento, avrebbe corso in mezzo e non a sinistra. È talmente stretto che al minimo errore è finita. Penso che fosse più arrabbiato che deluso. Era il periodo in cui ci facevamo la guerra. A Denderleeuw, durante un criterium, c'erano 20.000 spettatori. Sono stato fischiato, insultato, minacciato da 19.998 persone. Le uniche due che tifavano per me erano mio padre e mia madre, che mi avevano accompagnato fin là in macchina. Non ho paura di molte cose, ma tutto quell'odio a vent'anni, sì mi aveva turbato».

Il Cannibale si rifarà nel 1971. Alla Merckx. Ottanta chilometri di fuga sotto la neve, in un freddo glaciale. Poco gli importa, avanza intrepido, come Giove, perché sa di essere padrone di tutte le tempeste, e relega il suo compatriota Pintens, che l'ha raggiunto nel finale, sul secondo gradino del podio. Nel 1972, con la maglia arcobaleno sulle spalle, scatta sulla salita di Stockeu e raggiunge Verviers, dove è situato l'arrivo, in solitaria. Aggiunge una quarta stella al suo palmarès nel 1973, dove di nuovo nel velodromo anticipa l'indistruttibile Frans Verbeeck di... tre centimetri. Infine, nel 1975, dopo le sue vittorie alla Milano-Sanremo, al Giro delle Fiandre, all'Amstel Gold Race e anche un secondo posto alla Parigi-Roubaix, mette un punto alla sua stagione delle Classiche con un ultimo successo a Liegi, dove Bernard Thévenet ha agito con molta astuzia nel finale. La spiegazione del borgognone: «Ero sul treno giusto, in compagnia di ragazzi tutti più veloci di me. Merckx, Godefroot, De Vlaeminck, Dierickx, Verbeeck. I francesi Danguillaume, Delisle, Seznec e io, non contavamo molto. Ma dopo sei ore e mezza di gara e tutti quei velocisti che si sorvegliavano, mi son chiesto: "Se attacco l'ultimo chilometro, chi farà lo sforzo di seguirmi?". Perché chiunque mi fosse venuto dietro sapeva che avrebbe perso. Sul Boulevard de la Sauvenière, ho attaccato come previsto e chi è che mi ha raggiunto a trecento metri? Papà Merckx. E in volata sono arrivato secondo».

È la diciottesima e penultima Monumento della sua carriera. L'ultima cadrà nel 1976, a Sanremo. Parlare a suo proposito di un mostro sacro, di un faro, di un simbolo degli anni Settanta è insufficiente. Come dirlo? Potrebbe essere quell'eroe di Hemingway che «nei suoi momenti migliori, toccava con la fronte il mento della Luna».

Lombardia

«È difficile affrontare un avversario che sappiamo essere più forte di noi, ma non credo che esista una più grande motivazione del correre contro Merckx.»

Felice Gimondi, vincitore del Tour de France, del Giro e della Vuelta

Due volte, nel 1971 e nel 1972, Eddy Merckx ha fatto apertura e chiusura della stagione nella sua caccia alle Monumento: Milano-Sanremo e Giro di Lombardia. In entrambi i casi, ha completato il quadro con un successo alla Liegi-Bastogne-Liegi. All'inizio dell'ottobre 1971, quando mette piede in Lombardia, il belga è già a cinquantaquattro vittorie su centoventi giorni di gara e nel 1972 a cinquanta vittorie su centoventisette giorni. La fatica di una stagione, che sfiorava a volte i duecento giorni di corsa, era il primo vero ostacolo da sormontare. Ma non era un problema per lui. La pioggia, la nebbia, il freddo autunnale e il dislivello ingrato di Schignano, del Passo d'Intelvi – un vero colle, lungo sedici chilometri – del Ghisallo o del Muro di Sormano costituivano un limite molto più temibile.

In generale, al primo passaggio a Como, quando manca ancora più di un'ora di gara, almeno un centinaio di corridori devia verso gli hotel e la doccia. Questa tentazione, Merckx non l'ha mai avuta. «Pedalava con un'armatura, niente poteva toccarlo» scrive il giornalista Willem Wijnendaele. Bernard Hinault si è ispirato al suo metodo per trionfare nel 1979, alla fine di una fuga lanciata a centocinquanta chilometri dall'arrivo in compagnia del suo gregario Bernard Becaas, senza mai preoccuparsi dell'italiano Silvano Contini, che non riusciva neanche a dare il cambio. Nel 1974 Bernard Thévenet, quasi al top della sua forma, sesto a 1 minuto e 24 secondi da Roger De Vlaeminck, il laureato, aveva riassunto con una formula molto diretta quei 4500 metri di dislivello tra Bergamo e Como: «Il Lombardia: montagne, coraggio e forza mentale».

Nella sua insaziabile ricerca di vittorie, Merckx avrebbe potuto raddoppiare il suo capitale della Classica delle foglie morte e portarlo a quattro. Durante la sua prima presenza, nel 1966, è il più veloce dei sei sopravvissuti che fanno il loro ingresso al velodromo Sinigaglia. Tra Poulidor, Anquetil, Dancelli, Adorni, Gimondi e lui, la volata è quasi una formalità. Ma sulla pista in cemento Merckx commette un errore da principiante, tagliandola all'interno. Quella vecchia volpe di Adorni, gregario di Gimondi, non chiedeva nemmeno tanto. A mezzo giro dall'arrivo, fianco a fianco con Merckx, allarga i gomiti e poi, spalla contro spalla, lo spinge senza scrupoli e quasi lo spedisce sul prato del campo da calcio. Quando Merckx riesce a scavalcare Adorni sulla sua destra e si lancia nello sprint, Gimondi ha quindici metri di vantaggio. Sulla linea d'arrivo, gli manca una mezza lunghezza. Non viene presentato nessun reclamo: «È colpa mia, mi sono battuto da solo» riconosce Merckx. Le immagini in bianco e nero dell'INA confermano che la manovra di Adorni è ben più che dubbiosa, ostacola un avversario e non mantiene la sua linea, una scorrettezza secondo il regolamento.

È il suo primo scontro con Felice Gimondi. I due uomini si incroceranno per sette volte sulle salite scoscese della Lombardia. Un match nel match. Il bergamasco si impone nel 1966 e nel 1972. Nel loro continuo alternarsi, Merckx e Gimondi salgono tre volte ciascuno sul podio: 2° nel 1966 e 1974, poi 3° nel 1968 per Eddy; 2° nel 1967 e 3° nel 1970 e 1972 per Felice. Quello della stagione '71 è un buon raccolto per il Cannibale: Milano-Sanremo, Liegi-Bastogne-Liegi e il campionato del mondo a Mendrisio dove ha battuto Gimondi. I due avversari si ritrovano una settimana più tardi in Lombardia per una rivincita. Merckx è motivato. I dubbi intorno alla sua vittoria nel Tour del 1971, emersi in seguito alla caduta di Ocaña sul Col de Menté, non sono stati ancora completamente dissipati. In un clima invernale, lascia indietro di tre minuti i primi inseguitori. Gimondi è nono. La stagione '72 è un copia-incolla della precedente. Merckx l'ha aperta con un quinto successo alla Primavera e l'ha chiusa con la Classica delle foglie morte. Tra le due, ci infila la Liegi-Bastogne-Liegi. Per la seconda volta ha fatto la doppietta Giro-Tour che porterà a quota tre nel 1974. A Como, supera la linea del traguardo con 1 minuto e 24 secondi di anticipo su Guimard e Gimondi. I classificati sono solo diciassette. Quest'uomo è gargantuesco. Due settimane più tardi partirà per il Messico per attaccare il Record dell'ora, che batterà portandolo a 49,431 km/h.

Quando arriva l'edizione del 1973, una settimana dopo il mondiale di Montjuïc, vinto da Gimondi, ci sono ancora dei conti in sospeso. Merckx e Maertens si accusano a vicenda di aver fatto perdere l'altro. Andranno avanti per trent'anni. Merckx è arrabbiato per tutto quello che la stampa ha raccontato mettendo in dubbio la sua onestà, insinuando che la guerra tra gli accessoristi Campagnolo (Gimondi e lui) e Shimano (Maertens) fosse cominciata già alla partenza. Lui può anche giurare che sia tutto falso, ma il danno è fatto. E quando Merckx si arrabbia, si scatena il caos. La sua gara, o piuttosto cavalcata, è una mattanza. La concorrenza è fatta a pezzi. Taglia il traguardo con più di quattro minuti di anticipo su un piccolo gruppo di ventidue corridori, che Gimondi batte in volata. Il podio ha un che di maestoso: Merckx, Gimondi, De Vlaeminck! Un mese più tardi, quando Merckx ha iniziato senza pause una stagione su pista con la Sei Giorni di Dortmund, scoppia il caso Como. Delle tracce di norefedrina, un farmaco vietato, sono state trovate nelle sue urine, analisi confermata dal secondo campione. Una settimana prima, dopo aver vinto l'Attraverso Losanna, il suo medico Angelo Cavalli gli ha somministrato del Mucantil – uno sciroppo per neonati – per fermare un inizio di raffreddore. Nessuno mette in dubbio la sua buona fede, tanto più che la norefedrina non ha nessuna proprietà stimolante o energizzante. Ma il danno è fatto. Il suo medico può anche prendersi la colpa, «È colpa mia, completamente colpa mia e sono il solo colpevole», ma la commissione tecnica dell'UCI gli ritira la vittoria in Lombardia. Oggi, Merckx continua a dire che rimane «una delle più belle» della sua carriera.

Certo, bisogna pensare che sia una semplice coincidenza, ma il suo declassamento avvantaggia di nuovo Gimondi. Come durante il Giro del 1969, dopo il suo controllo positivo di Savona. Abbiamo trovato un archivio dell'elegante corridore di Bergamo, scomparso nel 2019. A «La

Gazzetta dello Sport» il tre volte vincitore del Giro, del Tour de France, della Vuelta, della Parigi-Roubaix, della Milano-Sanremo e del controverso campionato del mondo di Montjuïc, confida che «affrontare Merckx era come partire alla conquista dell'impossibile. È senza dubbio il più grande di tutti i tempi nel nostro sport e grazie a lui sono migliorato su tutti i terreni. Mi ricorderò sempre la mitica tappa delle Tre Cime di Lavaredo durante il Giro del 1968. Quel giorno lì ho pianto come un bambino tanto mi sentivo inutile, sopraffatto, in imbarazzo per i miei tifosi». Riguardo l'affare Savona, Gimondi assicura che durante quel Giro «Merckx aveva vinto a tavolino. Nessuno avrebbe potuto batterlo. So tutto quello che è stato raccontato su di me e sulla squadra, ma non sono responsabile di nulla». E, più avanti: «Di tutte le sue vittorie, quella del Tour de France 1969 è quella che mi ha impressionato di più. Uno spettacolo di forza e intelligenza. Come se gareggiasse in un'altra categoria. E quando ci siamo ritrovati tutti e due in fuga, come ai campionati del mondo a Mendrisio, sapevo già come sarebbe andata a finire. In uno sprint testa a testa non avevo nemmeno l'ombra di una possibilità. Dopo la sua vittoria a Mendrisio, il "Corriere della Sera" aveva titolato: *Merckx campione del mondo. Gimondi batte tutti gli altri*. È difficile affrontare un avversario che sappiamo essere più forte di noi, ma non credo che esista una motivazione più grande del correre contro Merckx».

Heerlen, Mendrisio, Montréal

> *«Gimondi mi ha proposto nove milioni di franchi perché lo lasciassi vincere. Avrebbe potuto propormi anche il doppio o il triplo, ma la mia risposta non sarebbe cambiata. Era "no".»*
>
> Eddy Merckx, a proposito dei campionati del mondo 1971

In tredici anni, dal 1965 al 1977, qualunque fosse l'ampiezza o la pienezza delle sue stagioni, Eddy Merckx non ha saltato nemmeno un campionato del mondo. Tredici presenze, tre vittorie a Heerlen (1967), Mendrisio (1971) e Montréal (1974), un solo abbandono a Zolder (1969). Sono solo cinque i corridori che nella storia contano tre titoli mondiali: Alfredo Binda, Rik Van Steenbergen, Oscar Freire, Peter Sagan e lui. In realtà, Merckx ha indossato quattro maglie iridate, con quella di Sallanches (1964), tra gli amatori, dove ci è mancato poco che una manovra del medico della Royale ligue vélocipédique belge non lo escludesse dalla selezione per una presunta insufficienza cardiaca. Ci vorrà una controperizia all'Ospedale universitario di Gand per dimostrare la sua idoneità. Buon auspicio o coincidenza, quel primo titolo lo vince sotto lo sguardo di Jan Janssen, consacrato nei professionisti l'indomani. Entrambi ignorano che saranno due dei protagonisti del mondiale del 1967.

Heerlen, 3 settembre 1967. Eddy Merckx vive la sua seconda e ultima stagione con i colori Peugeot. Alla partenza non è nella sua forma migliore. Vittima di una caduta a Mettet durante il campionato del Belgio, ha riportato una commozione cerebrale e ha dovuto accorciare la sua preparazione. Ci sono tre protagonisti, quel giorno. Primo Gianni Motta, vincitore del Giro di Svizzera, sesto al Giro d'Italia. I giornali italiani riportano che ha seguito un allenamento simile a quello degli astronauti prima della loro partenza per lo spazio. Secondo, Jan Janssen, laureato della Parigi-Roubaix, della Vuelta e maglia verde del Tour de France 1967. Nel Limburgo è a casa sua. Terzo, Eddy Merckx, che ha intascato la Milano-Sanremo, la Gand-Wevelgem (davanti a Janssen) e la Freccia Vallone. Si sarà sufficientemente ripreso dalla sua caduta?

Abbiamo ovviamente parlato con Motta, a casa sua a Cassano d'Adda, in Lombardia, di quella discutibile preparazione, diciamo "lunare", sotto l'autorità del dottor De Donato, che alcuni hanno deriso o preso in giro: «Sono state diffuse false informazioni sul mio conto e anche sulla credibilità del mio medico: si diceva utilizzasse un simulatore di volo non pressurizzato per obbligare il mio corpo ad assorbire più ossigeno, o che azionasse una centrifuga per abituarmi a delle accelerazioni violente. Ma De Donato ha solo rivoluzionato la mia alimentazione. Per settimane non mi sono nutrito che di liquidi a base di sostanze predigerite, pesce, carne, materia vegetale. Lo ammetto, quando in allenamento aprivo una borraccia l'odore era molto forte, ma mi ci sono abituato. Qualche anno più tardi, durante la Tre Valli Varesine, siamo entrambi in fuga, Eddy e io. Parliamo fianco a fianco. Lui apre la sua borraccia, beve e riconosco l'odore delle bevande preparate da De Donato. Ero contento di vedere che ci aveva copiato. L'ultima settimana prima di Heerlen, il lunedì, il mercoledì e il venerdì ho percorso tre volte trecento chilometri. Avevo preso con me tre compagni di squadra per aiutarmi. Ciascuno faceva cento chilometri prima di dare il cambio, e prendevo io il turno successivo. A Heerlen, De Donato è ancora con me. Gli ultimi test sono eccellenti e alla riunione la sera prima della gara ho detto agli altri: "Parto subito. Non mi occupo di nessuno". Hanno pensato fossi matto. C'erano 256 chilometri in programma! Cinquecento metri dopo la partenza ero già in testa».

Merckx non tarderà a riprenderlo e, nella salita di Ubachsberg, l'olandese Van der Vleuten, lo spagnolo Sáez e il britannico Addy si uniscono a loro. Motta: «In cima alla salita, mi sono girato verso Merckx: "Secondo te, quanto abbiamo?". "Circa dieci secondi." "Allora è fatta. Non riusciranno a riprenderci"».

Il secondo protagonista è Jan Janssen. Fregato dalla partenza, l'olandese recupera la fuga dopo un inseguimento di cinquanta chilometri. Ecco la sua versione: «Sul finale, Maurice De Muer, il mio direttore sportivo, è sul bordo della strada. Durante l'ultimo giro, mi passa un foglietto sul quale ha scritto: "Cambia bici. Ci vogliono i tredici denti". Ho esitato. Avevo appena sprecato molte energie nell'inseguimento e avevo fatto la volata con un pignone da quattordici denti. Ai duecento metri, mi sono messo sulla destra, dietro a Merckx. Ho arretrato un po' per non farmi chiudere, ho toccato la sua ruota dietro e ho perso circa un metro e mezzo. Ho cercato e cercato di risalire, ma mi sono mancati quei trenta centimetri. È una delle più grandi delusioni della mia carriera». Conclude il vincitore, Eddy Merckx: «Non credo che la manovra di

Janssen sia la causa della sua disfatta. Se guardiamo le immagini, non si nota niente di anormale. Sono solo scuse».

Mendrisio, 4 settembre 1971. Bisogna collocare questa corsa per il titolo nel contesto del Tour de France, ancora vivo nella memoria di tutti. L'avrebbe vinto se Luis Ocaña, in giallo, non fosse caduto durante la discesa dal Col de Menté? Sono molti quelli che pensano di no. La vendetta è servita in Svizzera. Merckx si è preparato con particolare cura. Stage in altitudine in Toscana, all'Abetone (1400 metri). Quattro giorni prima della gara, effettua un'uscita di trecento chilometri. Solo. Il giorno dopo, lascia l'Abetone e dopo duecento chilometri raggiunge Monza in bici. Il venerdì, fa ancora un anello da centocinquanta chilometri sulla strada del Lombardia che passa per Ghisallo. Domenica, è chiaro come andrà la gara. Fa selezione a metà percorso e rimane con Gimondi, Polidori, Pintens, Mortensen e Guimard, del quale teme la velocità in volata. Merckx attacca nuovamente e si ritrova testa a testa con Gimondi. L'italiano gli avrebbe allora proposto di arrivare secondo sotto pagamento di una grande somma di denaro. Verità o semplice pettegolezzo? «Vero» assicura Merckx nella sua biografia. «Gimondi mi ha proposto nove milioni di franchi perché lo lasciassi vincere. Avrebbe potuto propormi il doppio o il triplo, ma la mia risposta non sarebbe cambiata. Era "no".» E Ocaña? Nessuno l'ha visto durante la gara. Nella testa del Cannibale, la questione del Tour 1971 era chiusa.

Dei suoi molteplici campionati del mondo Merckx non conserva solo bei ricordi. Ce ne sono anche di molto brutti, come quelli del 1973 a Montjuïc, quando Gimondi s'impose davanti a Maertens. Bisognerà aspettare trent'anni perché Merckx e Maertens si riconcilino durante una riunione di ex corridori nel Beaujolais. Merckx, che era andato in fuga, non ha capito perché il suo compatriota avesse attaccato per raggiungerlo per poi rifiutare di dargli il cambio, cosa che aveva permesso a Gimondi e Ocaña di raggiungerli. Maertens, vittima di crampi, ha almeno accettato di lanciare lo sprint di Merckx, ma niente è andato come previsto, e Gimondi ha incassato la vincita. Sono volate parole forti. *Codardo*, *venduto*. Trent'anni! Il Beaujolais ha certe qualità...

Nel raggio delle delusioni, anche Yvoir 1975, nelle terre di Merckx e De Vlaeminck, ha lasciato l'amaro in bocca. La versione di Jean-Pierre Danguillaume, medaglia di bronzo, fornisce un primo quadro del fiasco belga. «Ho attaccato al penultimo giro e subito ho De Vlaeminck a ruota. È a meno di un metro. Mi alzo e chi vedo partire di soppiatto? Kuiper. De Vlaeminck non batte ciglio e l'altro se ne va, tranquillo e concentrato. Non tocca a me fare il lavoro, ma ai belgi.» Danguillaume ammette che non sa che Merckx è caduto dopo un'ora e mezza di gara e che, provato, si è messo come ha potuto al servizio di De Vlaeminck. Forse a quest'ultimo mancavano i rinforzi per condurre l'inseguimento dietro a Kuiper? È ovvio, ma di chi è la colpa? La sera prima, De Vlaeminck aveva ripreso un giornalista belga che aveva avanzato l'ipotesi che «in undici, è comunque un vantaggio supplementare importante». (Poiché Merckx era il campione uscente, la squadra belga aveva diritto a correre con un atleta in più.)

«Undici? No,» gli ha risposto il Gitano «dieci e mezzo, con Van Impe.»

Il giorno dopo, questo genere di battuta, largamente diffusa dalla stampa, gli torna indietro come un boomerang sul finale. Quando fa segno di mettersi davanti al "piccolo Lucien" – personaggio peraltro delizioso – l'altro, offeso, gli risponde gentilmente che non ne ha più. «All'ultimo giro ho dato un'altra botta» continua Danguillaume. «Mi sono ritrovato a cento metri da Kuiper, ma con Zoetemelk, suo gregario, in scia. Visto che c'era anche Thévenet, ho pensato che avrebbe attaccato. Il finale era una cosa per lui. Non sapevo avesse rotto un raggio della ruota e che era contento di stare in scia e basta. In volata non ho mai battuto De Vlaeminck nella mia vita. Lui è arrivato secondo, io terzo.»

Torniamo indietro di una stagione per evocare nel 1974 il terzo e ultimo titolo di Merckx. Il soggiorno dell'équipe belga a Montréal comincia male. Alloggiata in un centro universitario molto scomodo, la squadra si sposta nell'unico hotel con stanze libere della città: un albergo a ore o per incontri. La domenica 25 agosto, sul circuito di Mont Royal, da scalare per ventuno volte, Bernard Thévenet – da solo in testa con tre minuti di vantaggio per centoquindici chilometri – ha sfiorato il sogno di essere campione del mondo fino a cinque chilometri dall'arrivo. Meno di mezzo giro: è quello che gli è mancato. Sarebbe forse riuscito a conservare una manciata di secondi di vantaggio se Poulidor e Martinez, presenti nel contrattacco, di fianco a Merckx, Santambrogio e Van Springel l'avessero protetto meglio? Il *no* di Thévenet è categorico: «Ero cotto. Non avevo più forze. Avevo mangiato male ed è una cosa che non perdona». Merckx avrà l'eleganza di riconoscere che «senza Van Springel non avrei mai potuto recuperare quello scarto di tre minuti. Il titolo dovrebbe essere per lui». Rivedendo le immagini dell'INA, si può pensare che una manica della maglia iridata dovrebbe andare anche all'italiano Santambrogio, ex gregario di Merckx alla Molteni. Poulidor, secondo, e Martinez, terzo hanno attenuato i rimpianti francesi.

Città del Messico, 49,431 km

«Eddy Merckx è come un controllore della metropolitana. Fa piccoli buchi ovunque con un trapano, rischiando di rompere il telaio della sua bici. E la sua guarnitura assomiglia a un pezzo di groviera.»

Robert Chapatte, ex professionista
ed ex giornalista televisivo

Il 25 ottobre 1972, nel velodromo di Città del Messico, a 2250 metri d'altitudine, Eddy Merckx stabilisce un nuovo Record dell'ora. Percorre la distanza di 49,431 chilometri e migliora di 778 metri il record del danese Ole Ritter, il precedente detentore (48,653 chilometri, 10 ottobre 1968, Città del Messico). Il risultato del suo compatriota Ferdinand Bracke (48,093 chilometri, 10 ottobre 1967, Roma) è già stato superato di un chilometro. Il limite dei 49,431 chilometri di Merckx resisterà dodici anni prima di essere battuto da Francesco Moser (51,151 chilometri, 23 gennaio 1984, Città del Messico) su una bici futuristica, che l'Unione ciclistica internazionale giudicherà poco dopo non conforme alle regole tanto la macchina avanguardista dell'italiano andava oltre i canoni stabiliti.

Al contrario, seguendo le orme di Fausto Coppi, Jacques Anquetil, Ercole Baldini, Roger Rivière, Ferdinand Bracke e Ole Ritter, i suoi predecessori nelle classifiche, Eddy Merckx ha sempre saputo che avrebbe tentato il record dell'ora su una bicicletta tradizionale. Il progettista italiano Ernesto Colnago gli ha fornito l'esatta replica della sua bici da strada, esposta oggi alla stazione della metro che porta il suo nome, a Bruxelles. Angoli del telaio, inclinazione della forcella, reggisella, forma dell'attacco manubrio: tutto è identico, al millimetro. Solo le ruote con 28 raggi ultraleggere, dotate di sottilissimi tubolari in seta da 95 grammi, sono diverse. Il pignone fisso scelto è da 14 denti, abbinato a una corona anteriore da 52. Ogni pedalata copre 7,93 metri.

I problemi di schiena del quattro volte vincitore del Tour de France sono di dominio pubblico da lungo tempo. Chi non l'ha visto durante le gare tirare fuori la sua brugola dalla tasca della maglia e procedere, sempre pedalando, a regolare il reggisella? Ha anche la reputazione di essere un asso della meccanica, procedendo lui stesso a delle prove per alleggerire i telai e testarne la rigidità. Ne possedeva una cinquantina nel suo atelier e ne portava dieci per i grandi Tour. Robert Chapatte, ex professionista, cinque presenze al Tour de France, diventato giornalista televisivo, ne era molto divertito. Sul quotidiano «L'Aurore», dichiara: «Eddy Merckx è come un controllore della metropolitana. Fa piccoli buchi ovunque con un trapano, rischiando di rompere il telaio della sua bici. Fa lo stesso sul cerchio della guarnitura. La sua corona assomiglia a un pezzo di groviera».

La stagione 1972, la sua seconda con la maglia della Molteni, riscuote alla fine un raccolto abbondante: doppietta Giro-Tour, Milano-Sanremo, Liegi-Bastogne-Liegi, Giro di Lombardia e anche il Circuito Het Volk e la Freccia Vallone. È una delle più prospere dalla sua entrata in scena, otto anni prima. Il suo rapporto vittorie-giorni di corsa è fenomenale: 50/129, un po' più di una vittoria ogni tre giorni. Il suo desiderio di attaccare il Record dell'ora, per seguire con i suoi passi le orme di Coppi e Anquetil, si delinea sempre più preciso. Il 31 agosto, dopo una vittoria in una kermesse a Rummen, dice al giornalista Willem Wijnendaele: «Ho finito il Giro e il Tour senza toccare le mie riserve di energia. Sensazioni e gambe sono buone. Credo di essere pronto». È la caratteristica dei più grandi quella di avere dentro di sé la necessità di misurarsi sempre e ovunque. Sempre più in alto, sempre più forte. C'è da credere che Eddy Merckx ami particolarmente le sfide impossibili, visto che si recherà a Città del Messico, in altitudine, dove l'ossigeno nell'aria è più rarefatto e riduce il coefficiente di resistenza di circa un quinto.

Sa che quella sfida contro il cronometro si svolgerà sotto gli occhi di tutto il mondo – e non solo di quello ciclistico –, che con appassionata impazienza ne attenderà la conclusione. Merckx è ormai un campione affermato, ma un fallimento potrebbe intaccare la sua legittimità. Alla fine di una stagione passata a destreggiarsi tra aerei, treni, le ore in macchina, dei pranzi gustosi ogni tanto – perché ama la buona tavola – da un Paese all'altro, da una Classica a un grande Giro, da una kermesse a un criterium, il rischio di una sfida di troppo è concreto. L'acclimatazione all'altitudine è l'altra grande incognita. Il suo compatriota Ferdinand Bracke, recordman nel 1967 a Roma (48,093 km/h), ne ha fatto esperienza. L'ex campione belga Pino Cerami, che l'ha allenato, affermava che il due volte campione del mondo di inseguimento, che accarezzava i pedali con un gesto fluido ed elegante, «era campione del mondo nelle linee dritte, nessuno poteva rivaleggiare con lui». E tuttavia andrà incontro a un fallimento clamoroso a Città del Messico. La versione dell'interessato: «Di tutti i *recordmen* dell'ora, sono quello che ha fatto girare di più le gambe. La mia elasticità sulla scatto fisso era il mio asso nella manica. Quando ho deciso nel 1969 di provare a battere di nuovo il record, ero appena diventato campione del mondo di inseguimento per la seconda volta e nelle Sei Giorni facevo sempre parte della cerchia dei primi. Strappare il record a Ritter era nelle mie corde. Allora ho provato Città del Messico, ma ci sono andato come mi sono presentato a Roma, cioè senza alcuna preparazione. E lì, anche dopo quindici giorni, dopo dieci chilometri era come se sbattessi contro un muro. Avevo le labbra blu, soffocavo. Ho fatto due tentativi, tutti e due identici – al dodicesimo chilometro non avevo più ossigeno. Il francese Daniel Rebillard, campione olimpico di inseguimento nel 1968 su quella stessa pista, e Bernard Darmet erano là negli stessi giorni. Hanno fallito per le stesse ragioni. Cinquant'anni dopo, ogni tanto ci penso. Rimpiango di non aver ricevuto più supporto da casa Peugeot, il mio datore di lavoro. Con un vero e proprio programma, un inquadramento speciale, avrei potuto riuscirci, ma la bici per loro era un di più. Tutto il loro budget finiva nei progetti di F1 e nei rally raid. Dopo aver vinto la Vuelta nel 1971, il mio salario mensile era di 3500 franchi (530 euro). Nel 1978, quando non ero più in grado di fare niente, dal mio ultimo sponsor Old Lord Splendor – una marca di whisky – avevo triplicato il mio stipendio solo con le kermesse e le Sei Giorni».

Durante il suo allenamento per l'altitudine, Merckx non commette lo stesso errore. Anzi, sarà perfetto. Durante il mese di ottobre, segue un programma ideato dal professor Petit, dell'Università di Liegi, che gli fa arrivare trenta bottiglie di un ossigeno dosato precisamente come quello dell'aria di Città del Messico. Sei volte al giorno, dotato di maschera respiratoria collegata alle bombole, sale su una home trainer e pedala mezz'ora, effettuando uno sprint di un minuto ogni cinque. Tutti i giorni un cardiologo sorveglia la curva delle sue pulsazioni. Dopo dei test effettuati sulla pista del velodromo di Gand, il giornale «Het Volk» pubblica i seguenti dati: «Durante questo sforzo, Merckx è equipaggiato con un telecardiogramma che permette allo specialista a bordo pista di seguire l'evoluzione del suo ritmo cardiaco. A 55 chilometri orari le sue pulsazioni non superano i 140 battiti al minuto». Altri test effettuati dal professor Cerretelli, dell'Università di Milano, mettono in evidenza la sua enorme capacità respiratoria: in una persona nomale è di circa 4,5 litri; quella di Coppi arriva a 6,8 litri; quella di Merckx a 8,1 litri. Insieme a un'incredibile capacità di eliminare istantaneamente l'acido lattico prodotto dalle cellule muscolari, grazie a una reazione organica simultanea. Ecco il perché della sua eccezionale facoltà di prolungare degli sforzi violenti. Anche le sue gambe sono eccellenti. Durante il corso di quel mese di ottobre, a quattro giorni di distanza, si è aggiudicato il Lombardia (quello nel quale verrà declassato per un cosiddetto controllo positivo) e il Trofeo Baracchi, una cronometro di cento chilometri, in squadra con Roger Swerts.

Tutto sembra collaborare affinché Città del Messico lo renda un nuovo *conquistador*, forte di una massima inossidabile: «Andrò. Vedrò. Vincerò». La delegazione belga atterra il 21 ottobre al Benito Juárez, l'aeroporto internazionale di Città del Messico. Il tentativo di Merckx avviene il mercoledì 25 alle 8.45. Nel frattempo, Merckx ha notato che il vento si leva a partire dalle 10 e che la rugiada del mattino rende la pista scivolosa. Martedì 24, piove. L'allenamento sull'anello olimpico è annullato. Effettua allora una lunga uscita sull'autodromo, dietro una moto guidata dal suo grande amico e uomo di fiducia Guillaume Michiels, detto "la Tomba". Il 25, una volta asciugatasi la pista, Merckx parte per provare a battere il record di venti chilometri. «Se sto bene, continuo.» E fa un giro di pista dietro l'altro. Al chilometro trenta, passando davanti a Giorgio Albani, il suo direttore sportivo, gli dice: «Sono morto». Albani ride sotto i baffi: «Non ho mai visto un morto pedalare a 55 chilometri orari». Merckx, che ha indossato una tuta da bici dalle cuciture spesse, soffre per la seduta. La ferita ci metterà dei mesi a cicatrizzarsi. In curva, la forza centrifuga gli comprime la circolazione sanguigna. Perde terreno. La soglia dei 50 chilometri orari non verrà superata, ma è di sicuro il nuovo detentore del Record dell'ora. «L'ora più lunga della mia vita.» Ma un'ora di celebrità. Dopo Coppi, dopo Anquetil, dopo Baldini, mostri sacri di un'altra epoca, la storia non poteva offrire simbolo più grandioso.

Avversari

Mentre c'era sempre stato un certo equilibrio dei "mondi" tra stradisti-velocisti e uomini dei grandi Tour, da Merckx in poi non si vede che Merckx ovunque. Durante gli anni Settanta, nessuno sfugge a Eddy Merckx e, visto il marchio indelebile che ha lasciato sulla sua epoca, si può dire che abbia contato anche per coloro che non lo apprezzavano.

Segue qui una serie di ritratti di alcuni dei suoi "intimi nemici", a volte vincitori, spesso vinti. Sono le fondamenta di questa mia inchiesta. Le loro storie, raccontate cinquant'anni dopo, riemergono sotto una luce diversa, con un tono diverso, dettagli dimenticati e sempre molta emozione. Mostrano a che punto il ciclismo degli anni Settanta, che possono essere definiti una decade miracolosa, fosse diverso. Nella categoria "grandi Tour", non compaiono Bernard Thévenet, Felice Gimondi, Luis Ocaña, Lucien Van Impe, José Manuel Fuente, Herman Van Springel o Ferdinand Bracke, dei quali abbiamo trattato altrove. E nemmeno Gianni Motta, Roger Rosiers, André Dierickx, Francesco Moser e Cyrille Guimard nel gruppo dei "Classic man", per la stessa ragione. In momenti diversi hanno tutti vinto dei duelli epici e appartengono alla storia del ciclismo. Senza di loro, Merckx non sarebbe stato proprio Merckx.

Roger De Vlaeminck

«Sono il solo al quale Merckx ha chiesto di lasciarlo vincere.»

Un lunedì di marzo 2024. A Kaprijke, comune di Eeklo, la primavera spunta furtiva. La casa di Roger De Vlaeminck è piantata lì sul terriccio, su un pezzo delle Fiandre Orientali alla fine di una strada interminabile, la Heinestraat, che si stende verso un orizzonte di monti e praterie. Mi ha dato appuntamento alle 13, «perché la mattina vado in bici». Il suo biotopo è immutabile. Quando ha voltato le spalle al ciclocross, nel 1988, all'età di quarantun anni, non ha smesso di pedalare. Vent'anni di carriera, undici Monumento in saccoccia, il Gitano – perché da parte di madre ha del vero sangue gitano – è sempre stato considerato come un irriducibile avversario di Eddy Merckx. Attento ai dettagli, con un sorriso accennato, dice: «Sono quello che l'ha battuto più volte, ne vado fiero. Ero un fan di Rik Van Looy, e ciò mi dava una ragione in più per volerlo battere. Tutti coloro che hanno affrontato Merckx, un giorno o l'altro, hanno ceduto. Tutti tranne noi: Eric, mio fratello, e io».

È ancora vestito da bici, giacca nera, pantalone nero e giallo. Si scusa per il ritardo, condivide i dettagli sulla sua media del giorno – 23,2 km/h – e indossa dei vestiti asciutti appoggiati vicino alla stufa. Non importano le lacune nel suo francese, senza sintassi. Quello che conta è l'emozione di parlare con una *leggenda,* un semidio delle Fiandre che ti serve un caffè, «Vuoi lo zucchero?», e poi te ne propone un altro. È un momento molto intenso. La conversazione è franca. «Il primo che ha vinto quattro Parigi-Roubaix sono stato io. Non so se c'è stata una concorrenza altrettanto feroce da quel momento. Eravamo una decina a poter vincere qualsiasi Classica, uno più agguerrito dell'altro.» La cosa più importante nel suo mestiere? «Avere i nervi saldi e molto carattere.» I suoi sono di acciaio temprato. Devia un attimo dal tema bici per dimostrarmelo. «All'inizio giocavo a calcio, come ala sinistra, al FC Eeklo Meetjesland, in terza divisione. Avevo più o meno studiato, avevo sedici anni, tutti mi dicevano che ero dotato e che avrei fatto carriera. Un giorno, dopo un'importante partita contro il Sint-Niklaas, il dottor Léon, il presidente, è venuto nello spogliatoio a distribuire i premi a ciascuno dei giocatori. Quando mi è passato davanti, non mi ha nemmeno guardato. Allora mi sono rivolto a lui e gli ho detto: "Mi guardi bene perché è l'ultima volta, non mi vedrà mai più". Così mi sono messo ad andare in bici, come Eric, di due anni più grande e che già pedalava molto bene.»

La sua mascella si è un po' appesantita, ma resta dritta, asciutta, rasata di fresco. Sveglia alle sette. Una vita piena di trionfi che si potrebbe disegnare come una carta con dei punti e delle strade colorate per i suoi 259 successi su strada. Nel 1968, il potenziale di questo futuro fuoriclasse è giunto alle orecchie di Eddy Merckx, leader della nuova squadra Faema. Il giovane De Vlaeminck, ventunenne, sta per vincere il Giro del Belgio amatoriale quando un massaggiatore lo avverte che c'è un visitatore per lui: «Ho visto Merckx che si avvicinava e i suoi che rientravano da un'uscita di allenamento. La conversazione è stata breve. Merckx mi ha chiesto: "Vuoi correre per me l'anno prossimo?". Gli ho risposto educatamente: "Non solo non correrò per te, ma correrò contro di te"».

È l'inizio di una lunga rivalità che il Gitano descrive «senza pietà ma sempre corretta. Mai una cattiveria, anche se di tanto in tanto ci siamo scaldati. D'altronde all'inizio non ci rivolgevamo la parola». Prima corsa da professionista nel 1969, successo folgorante all'Het Volk, davanti a tutta l'alta società – Merckx, Sercu, Leman, Rosiers, Van Springel, Verbeeck eccetera. «La sera prima, stavo ancora disputando un ciclocross a Vera de Bidasoa, nei Paesi Baschi spagnoli.» La prima Monumento cade durante la stagione successiva, la Liegi-Bastogne-Liegi, della quale Merckx ha per lungo tempo contestato la regolarità a causa di quella storia nel tunnel di Rocourt, prima dell'ingresso nel velodromo. Delle sue tre Milano-Sanremo (1973, 1978, 1979), è sicuramente la prima che ha lasciato i migliori ricordi a De Vlaeminck: «Il giorno prima, Giorgio Perfetti, direttore della Brooklyn, la mia nuova squadra, ci ha fatto visitare la sua fabbrica di gomme da masticare. Sul parcheggio, c'è una Ferrari blu come il mare dei Caraibi. Ci giro intorno, sfioro la carrozzeria. Il capo, che mi chiamava Ruggero, mi dice: "Ti piace? È tua se domani vinci la Milano-Sanremo". Il lunedì mattina sono ripartito al volante della Ferrari blu senza documenti, tanto andavo di fretta». Alla fine delle sue braccia interminabili stringe il telefono, fa scorrere delle foto mentre parla, poi ne ingrandisce una, mi chiede: «E lui, lo conosci?». Capelli neri ispidi, viso da angioletto, gli occhi pieni di malizia – è Jean-Pierre Monseré, detto "Jempi", suo grande amico morto durante una gara, quasi sotto i suoi occhi. Il dolore del Belgio. Immersione brutale nei ricordi: «Con lui, la vita era uno spasso. Quante ne abbiamo combinate insieme...». Il silenzio che segue è interminabile. È lui che rilancia la conversazione: «Sai quanti chilometri facevo tre giorni prima della Ronde o della Parigi-Roubaix per essere pronto a lottare?». E, senza aspettare una risposta: «Tre giorni prima, mi obbligavo a fare 380 chilometri. Ai 260 chilometri della Gand-Wevelgem, aggiungevo 120 chilometri dietro a una moto». Come Rik Van Looy e Eddy Merckx, il Gitano ha vinto le cinque Monumento del calendario, con una preferenza tra tutte per la Parigi-Roubaix, «specialmente quando Merckx arrivava secondo dietro di me».

All'anagrafe delle Classiche, i nomi di Roger De Vlaeminck e della Parigi-Roubaix sono indissolubilmente legati: quattro vittorie, quattro volte un secondo posto, una volta terzo posto e una sola foratura su quattordici presenze, per un totale di 3700 chilometri di strade dissestate e pavé. Dietro questo dettaglio si nasconde la cura meticolosa, quasi patologica, che riservava alla rifinitura dei suoi tubolari, dei Clément di seta, 26 mm di sezione per la ruota davanti per assorbire al meglio gli urti. Passavano numerosi anni a seccare al buio, prima di essere incollati e gonfiati – ma non troppo – con l'elio perché è più leggero. Erano così pronti per recarsi nell'inferno del Nord. Busto orizzontale, spalle immobili, gomiti a squadra, polsi spezzati, incarnava la perfezione su una bicicletta. Possedeva una divina intuizione per il terreno, una fluidità da rettile, attribuite al suo talento da funambolo da salotto, quando, adolescente, girava sulla sua bici tra le sedie e i tavoli e scendeva le scale senza mettere il piede a terra per concludere il suo numero. A volte, per vincere delle scommesse, metteva le ruote nei binari del tram da un bar all'altro, e i giri cadevano a pioggia. Su quel pavé infame dell'inferno del Nord, sembrava arrivare da una sfilata di Saint Laurent, Dior o Balenciaga, tanto charme ed eleganza aveva addosso. In uno stile *céliniano* più rock and roll, Philippe Bordas, nel suo libro *Forcenés*, lo vede come un «Keith Richards con i polpacci, che suona dando la schiena al pubblico, fregandosene». E dopo, a proposito dei suoi rapporti: «Il Gitano utilizzava le prime cinque corone, mai l'ultima; e anche Keith l'aveva tolta, quella cazzo di ultima corda». Il suo segreto per intuire i pericoli nascosti sotto le subdole pozzanghere, per scegliere la migliore traiettoria sul pavé, sono le radici che si immergono nell'assidua pratica del ciclocross: «Non c'è scuola migliore del cross per lavorare sui riflessi, l'equilibrio, la traiettoria e prolungare uno sforzo estremo. Ne ho vinte 112 su 180 in tutta la mia carriera, di cui due titoli di campione del mondo, amatore e professionista».

Eddy Merckx non ha mai potuto conquistare la quarta stella alla Parigi-Roubaix, ma De Vlaeminck sa che il paragone finisce lì: «Un grande Tour di tre settimane era troppo lungo per me, e Merckx troppo superiore. Penso che come lui non ne vedrò più. Era dieci volte più forte del miglior secondo. Tuttavia, durante una corsa a tappe di otto giorni, ero assolutamente a mio agio e potevo rivaleggiare con chiunque, anche con il grande Merckx. L'ho provato vincendo sei volte la Tirreno-Adriatico e una volta il Giro di Svizzera». Si anima, lo sguardo acceso: «Quel Giro di Svizzera del 1975, non mi crederai, ma è uno dei miei migliori ricordi, forse al di sopra della Parigi-Roubaix, della Milano-Sanremo e di tutte le altre. L'ultimo giorno ho battuto Merckx tre volte: nella volata per la metà tappa del mattino, durante la cronometro nel pomeriggio e al finale dove termina secondo, a un minuto da me». Da molto tempo i due hanno steso un velo sul loro ego e hanno imparato ad apprezzarsi. De Vlaeminck non resiste a fare un'altra confidenza: «Quell'anno, in Svizzera, avevo vinto tutto in assoluto dalla partenza, quando Eddy è venuto a trovarmi il penultimo giorno e mi ha detto: "Roger, potresti almeno lasciarmene vincere una", e quindi abbiamo fatto primo e secondo nell'ordine in cui voleva lui. Non so se al giorno d'oggi ci si possa rendere conto dell'importanza di questo processo: sono il solo e unico al quale Merckx ha chiesto di lasciarlo vincere. L'ho fatto senza pensarci, di buon cuore, ma avrei potuto dire di no. Perché due anni prima, durante il finale del Trofeo Laigueglia, quando la Brooklyn stava debuttando nel peloton, il direttore mi si è avvicinato e mi ha detto: "Chiedi a Merckx se puoi vincere. Farebbe una buona pubblicità per cominciare". Lo chiedo a Eddy, che mi dice: "Dai, va bene". All'arrivo? Primo Merckx, secondo De Vlaeminck».

Per dimostrare il rapporto di amicizia che ormai lega questi due immensi campioni, sorge ancora un aneddoto stravagante: «Sempre durante quel Giro di Svizzera del '75, ci troviamo entrambi al controllo antidoping. Passo per primo, poi lo aspetto per tornare insieme all'hotel. Dopo un attimo, Eddy mi dice: "Non posso urinare, non ci riesco. Ne hai ancora un po'?". Ho aspettato che il dottore fosse occupato altrove e ho urinato per lui. Come chiameresti tutto ciò? Per me, si tratta di un bellissimo segnale di fiducia». Alla fine del 1977, Merckx ha iniziato la sua discesa verso il termine della carriera. Prima della partenza di un criterium, in Francia, il cinque volte campione del Tour, l'aria inquieta, si avvicina a De Vlaeminck: «Senti Roger, non è che mi mollate dietro alla prima curva?». La risposta del Gitano: «Eddy, sei il Signor Merckx, non hai niente di cui aver paura». E infatti è rimasto in scia.

Dieci anni dopo, quando il demone della bicicletta tirerà De Vlaeminck fuori dalla sua pensione per un'ulteriore parentesi di due anni sul campo, l'unico che crederà in lui, che sbloccherà budget e materiale si chiama Eddy Merckx. Non c'è stato bisogno di chiedergli perché, ma quando suo figlio è nato, il Gitano ha decretato che si sarebbe chiamato Eddi, con la i e non la y alla fine, per «fare un po' la differenza». Gioca a calcio, come inizialmente il padre. Gran signore, gitano per l'eternità, di una stirpe antica come non se ne vedono più – se avessi avuto una corona a portata di mano gliel'avrei posata sulla testa. Mentre ci riaccompagnava verso l'uscita, tra i salti e i latrati dei suoi due Border Collie, Bats e Vina, il signor Parigi-Roubaix ha mormorato all'orecchio di Robert Janssens, che mi fa da interprete quando le parole mancano in francese: «Sai Robert, è per me un onore aver vissuto tutta la mia carriera con un giornalista come te».

Freddy Maertens

«Il Montjuïc 1973 ha avuto per me delle terribili conseguenze: sono stato arrabbiato con Merckx per trent'anni. Nel 2004, durante una riunione di ex campioni nel Beaujolais, ci siamo spiegati, faccia a faccia. Ci sono volute ore, ma abbiamo fatto pace. Ci siamo promessi di non parlarne mai più pubblicamente.»

Tra Eddy, il maggiore, e Freddy, di sette anni più giovane di lui – quasi una generazione di scarto – c'è una lunga storia, di campioni, di ambizioni, di rivalità e di incidenti storici. Merckx ha già vinto quattro Tour de France, tre Giro e le cinque Monumento quando Maertens sbarca nei ranghi dei professionisti, nel 1973. O forse dire che fa irruzione sarebbe più adatto, parlando del giovane gagliardo di Nieuwpoort, massiccio, spalle quadrate e cosce forti, che la gloria sfiora fin dal suo primo Giro delle Fiandre, l'anno del suo debutto. Freddy Maertens, buono su tutti i terreni, possiede una punta di velocità da togliere il fiato. Su cento metri, può passare da 60 a 75 km/h. E tuttavia, non ha mai vinto una sola Monumento durante la sua carriera, mentre Merckx ne conta diciannove. Maertens si è però rivelato un avversario più coriaceo di quanto non dica questa semplice statistica. Le sue centotrenta vittorie lasciano dietro di lui una traccia di leggenda: due titoli di campione del mondo, una Vuelta, trentacinque vittorie di tappa nei grandi Tour, tre maglie verdi, lo scintillio del giallo durante il Tour de France (nove giorni), del rosa al Giro (cinque giorni), il Gran Premio delle Nazioni, la Parigi-Tours e delle palate di podi formano un'enorme matassa. Una carriera di granito.

La storia di questo prodigio, raccontata cento volte, sovente romanzata, dove verso la fine si mischiano il pessimismo di una condizione sociale traballante, degli insormontabili problemi di denaro, di alcol e depressione, ha tutto di un romanzo noir. Ma il campione decaduto, che ha preso venti chili, resiste a ogni cosa nella tempesta, al contrario del suo amico e compagno di squadra Marc Demeyer, vincitore della Parigi-Roubaix del 1976, che ha finito per impiccarsi. Mantiene la rotta, Freddy, perché ha un angelo custode in questa ondata di guai: Carine, sua moglie, la sua anima, la sua ancora, la sua roccia, che l'ha salvato da tutti i mali e gli ha restituito il suo onore e la sua dignità. Una tenerezza colossale unisce questi due esseri che si affiancano e si sostengono da cinquant'anni.

A Bertem-Rumbeke, nelle Fiandre Occidentali, la loro ultima casa si affaccia su una piccola strada sterrata. Piegati dalla forza del vento del Nord, i pioppi si inchinano, minaccia temporale, l'estate è in ritardo. Questo incontro più volte rimandato con colui che per cinque anni, dal 1973 al 1977, è stato per Merckx un rivale irriducibile, inarrestabile e coriaceo, si imponeva prima di tutti gli altri. La stretta di mano è franca, il sorriso dell'Angelo è caloroso. Seduto di schiena al suo ritratto con indosso la maglia arcobaleno, dipinto a spatola dall'artista spagnolo Miguel Soro, Maertens va dritto al punto: «Merckx? Il più grande che io abbia conosciuto, il più grande di tutti. Non ce n'è stato un altro. Con lui, la tattica era semplice: stargli in scia, se no, era pericoloso». Eppure, la natura non è stata generosa alla nascita con il figlio di Simone e Gilbert. Durante tutto il suo primo anno di vita non riusciva a trattenere alcun alimento. Diventava sempre più debole, e la medicina non aveva soluzioni. Mesi di angoscia, di febbre. «Fino al giorno in cui qualcuno ha indicato ai miei genitori una fonte miracolosa nei dintorni di Furnes. Mio padre ne portava delle taniche intere per i miei biberon, e poi più tardi per la cottura dei miei cibi. Da quel momento, tutti i miei problemi sono scomparsi ed è iniziata una nuova vita.» Benedetto dagli dèi, Maertens? Il destino non è stato avaro. Durante il mese di maggio 1979, a causa di un grave problema al gomito che nessuno riesce a risolvere, parte per incontrare uno specialista a Philadelphia. Il tragitto del volo DC-10 prevede Amsterdam, New York e Chicago. Durante il volo, Maertens fa notare al suo medico che «un motore sull'ala fa un rumore ben strano». Atterrati a New York, Maertens e il dottore cambiano direzione mentre il DC-10 riparte verso Chicago. Esplode al decollo. Bilancio: 271 morti.

Si vede dal suo fisico che Maertens è un duro, un forzuto che non deve aver avuto alcun problema a mantenere il suo posto sul pavé. Anche questa destrezza e tutta questa forza risalgono a molto tempo prima. Educato duramente dal padre, lavora come fattorino dei giornali a tredici anni: porta venti chili, a volte trenta di riviste e quotidiani sul suo portapacchi. Durante la bella stagione, pedala per ore sulla sabbia per rifornire i campeggi della costa. Il pomeriggio è tempo di allenamenti. Il suo compagno di strada si chiama Michel Pollentier. Diventeranno inseparabili. Il padre sorveglia ogni cosa. A sedici anni,

Freddy deve rientrare massimo alle dieci di sera, altrimenti viene punito. Nessuna fidanzatina è tollerata. «Un giorno mi ha sorpreso mano nella mano con una ragazza e per rabbia ha segato il telaio della mia bici.» Ma piovono bouquet. «Ne devo gran parte a Louis Bouvé, l'uomo con la moto, mio fido allenatore. Sempre in orario, con qualsiasi condizione meteo. Gli è successo di non riuscire a scendere dalla sua motocicletta tanto freddo aveva preso.» Il seguito è scritto da Guillaume Driessens, detto "Lomme", il suo direttore sportivo alla Flandria, personaggio focoso, un mascalzone opportunista e con la lingua lunga, che Merckx non sopportava. Maertens mi corregge: «Sì, ma furbo e buon stratega. La vittoria di Demeyer alla Parigi-Roubaix del '76 è opera sua. Una sola macchina è dietro la fuga, quella di Driessens. Blocca tutti gli altri direttori sportivi. Io sono caduto e già all'ospedale, quando si avvicina a Moser, De Vlaeminck e Kuiper, grida forte a Demeyer: "Non spingere più, Marc! Maertens sta arrivando. È a trenta secondi". E per quaranta chilometri, per Demeyer è stato come essere in scooter, al riparo in scia agli altri».

Naturalmente, ci sono dei fantasmi che ritornano nei suoi ricordi. Quello di Paul Claeys, il capo della Flandria, l'ha perseguitato a lungo. «Mi obbligava a correre sempre. Un anno, ho toccato i duecentodieci giorni di gare. Era tirannico con i suoi corridori. La sera della mia vittoria alle Nazioni nel 1976, ad Angers, mi ha obbligato a viaggiare tutta la notte per arrivare in tempo alla partenza di una kermesse a Oostrozebeke, prevista il giorno dopo alle 11 del mattino. Un'altra volta, mi ha obbligato a gareggiare con una frattura al braccio, cosa che non mi ha impedito di vincere. Mio padre gestiva un negozio di biciclette Flandria, quindi per lui eravamo in debito. Flandria è stato il più grande errore della mia carriera. È stato uno scambio: il negozio di mio padre per la mia firma, nonostante il mio contratto fosse pronto alla Scic in Italia per il doppio dei soldi.» Tormenti personali e nostalgici rimpianti degli anni Settanta, la sua voce se ne fa interprete.

E la vita continua nei suoi ricordi. La passione per le corse, dove gli intrighi esistono – non lo nega –, è ancora viva. Giro di Lombardia 1974: nel finale è davanti, in fuga, e sente che deve assolutamente mangiare qualcosa per evitare un calo di zuccheri. Aspetta che arrivi la macchina della Flandria per andare a cercare qualcosa da mettere sotto i denti. Al volante, Briek Schotte. «"Passami una sacca!" Ma a Schotte era venuta fame e aveva mangiato tutto. Mi sono fatto raggiungere. Impossibile per me proseguire, ho dovuto abbandonare.» Liegi-Bastogne-Liegi 1976: «Sul finale, Bruyère, gregario di Merckx, e Van Springel, maglia Flandria come me, sono in fuga. Ho meno di un minuto di distacco. Se tutto va bene, so che vincerò. Chiuderò il distacco, Van Springel non può spingere perché è mio gregario. Ma quello che non so è che Van Springel ha venduto la gara a Bruyère e fa tutti i suoi turni al massimo. Sono morto a una lunghezza da Bruyère». Giro delle Fiandre 1977, nel Koppenberg, il cambio bici è autorizzato. «Ho preso una bici nuova venti metri prima della linea stabilita e sono stato squalificato, ma al tempo stesso sono andato in fuga con De Vlaeminck, che mi ha detto che non ha ancora vinto quella stagione e che se voglio, per 300.000 franchi belgi (7435 euro)... Affare fatto. Vedo che non è molto in forma e se non do il massimo è finita, ci riprenderanno. Allora ho fatto come avrei fatto per me stesso. A tutta velocità per ottanta chilometri. Così ha vinto. Ci siamo visti qualche tempo dopo e mi ha dato 150.000 franchi belgi che ho diviso con Pollentier e Demeyer. "Il resto te lo do poi" mi ha detto. "Ora sono un po' alle strette." Passa quasi un anno, e ancora niente. Allora sono andato a trovarlo e freddamente mi ha detto: "Ma cosa dici? Non abbiamo mai parlato di denaro". De Vlaeminck poteva comportarsi così. Un gran corridore ma una piccola, piccola persona.»

Le sue maglie di campione del mondo nel 1976 e nel 1981 sanno ancora di sudore, di sforzo e di angoscia, e ancora di più quelle che gli sono sfuggite nel 1973 e nel 1974. Punto sul vivo, confessa: «Montjuïc 1973 ha avuto per me delle terribili conseguenze: sono stato arrabbiato con Merckx per trent'anni. Nel 2004, durante una riunione di ex campioni nel Beaujolais, ci siamo spiegati, faccia a faccia. Ci sono volute delle ore, ma abbiamo fatto pace. Ci siamo promessi di non parlarne mai più pubblicamente». Montréal 1974: l'illustrazione di ciò che c'è di più sporco nel ciclismo, e che forse lo ha scosso ancora di più. «Durante la gara, Jeff D'Hondt, il mio *soigneur*, ha lasciato lo stand per andare a prendersi un panino. In sua assenza, un altro *soigneur* belga, Gus Naessens, ne ha approfittato per versare nella mia borraccia delle gocce. Ho bevuto tranquillamente quando D'Hondt me l'ha data. Dieci minuti dopo, sono stato obbligato a fermarmi lungo la strada, mi stavo letteralmente svuotando, le gambe a stento mi reggevano. Ho abbandonato. Anni dopo, Naessens stava per firmare un contratto da *soigneur* alla Flandria. Guardandolo dritto negli occhi, gli ho detto: "Si dice che sia stato tu a Montréal. Prima di firmare, voglio che tu mi dica la verità. Sei stato tu a mettere quelle gocce nella mia borraccia o no?". E ha ammesso ogni cosa. Sono umano, piuttosto gentile, era per strada e aveva bisogno di lavorare. Ci ho messo una pietra sopra.»

Ostuni 1976 gli ha restituito il sorriso. «Quasi non ci parlavamo, ma quando Merckx dava la sua parola era serio, e ha lavorato per me affinché vincessi.» Non può trattenere un'espressione maliziosa: «Rimanevamo solo noi due con Moser sul finale, e sapevo che avrebbe negoziato perché non aveva nessuna possibilità in volata. "Nove milioni per te se vinco!" Gli ho fatto risparmiare dei soldi.»

Jan Janssen

«Ero suo avversario. Mi ha preso per suo nemico.»

A Kapellen, la via Oosthoevestraat, immersa nel verde, ha la particolarità di trovarsi al confine tra il Belgio e i Paesi Bassi. Dal lato nord, le case sono in territorio olandese, mentre a sud sono in territorio belga. Jan Janssen, vincitore della Parigi-Roubaix 1967, della Vuelta dello stesso anno e del Tour de France del 1968 può anche essere olandese, ma vive al numero 157, in Belgio. I suoi compatrioti e vicini Erik Breukink, ex maglia gialla del Tour '89, e Adrie van der Poel, Giro delle Fiandre '86, Liegi-Bastogne-Liegi '88 – padre di Mathieu – vivono dall'altro lato. Jan Janssen, professionista dal 1962 al 1972, si è scontrato più volte con Eddy Merckx, a proposito del quale ammette, imprecando a fior di labbra: «Cazzo se mi ha fatto soffrire in bici, ma chi non ha sofferto contro di lui?». E, senza altri preamboli: «Eddy e io non siamo mai stati amici. Ero suo avversario, mi ha preso come suo nemico. Ha sempre avuto un problema con i corridori olandesi».

Hanno in comune di essere stati campioni del mondo lo stesso anno, nel 1964, a Sallanches, Eddy tra gli amatori e Jan nei professionisti, ed è più o meno tutto. Tutto il resto rientra nella logica del «*je t'aime, moi non plus*». Per esempio: «Non lo negherò, Merckx è un grandissimo campione, il più grande di quell'epoca, ma aveva anche i migliori corridori al suo servizio nella squadra. Bruyère, Van Den Bossche, Huysmans – erano tutti spesso più forti di lui. E mi sembra di capire che non fossero ben pagati». Un altro esempio: «Lui, l'avete già visto ridere sul podio. Io, mai. La persona che mi trova la foto, la invito al ristorante».

Una musica anni Ottanta di sottofondo è perfetta per l'atmosfera. Nel momento in cui Jan Janssen distribuisce dei caffè ai suoi amici – Bennie Ceulen, anche lui ex professionista, e Pascal Sergent, lo storico della Parigi-Roubaix – Riccardo Cocciante prende *Le coup de soleil* e, durante la pausa, in cui si parla distrattamente di «una carpa da quindici chili che vive sul fondo dello stagno, la vedi lì, attraverso la vetrata, accanto alla camelia», Charlebois promette che «tornerà a Montréal per sposarsi con l'inverno». Degli anni Pelforth-Sauvage-Lejeune (1962) e Bic (1963-1968) c'è sempre una perla da raccogliere: «Io condividevo la concezione della bici di Jacques Anquetil, che amava la buona cucina e lo champagne. Che amava vivere. Questo non gli ha impedito di vincere cinque Tour de France. In piena stagione, succedeva di prenderci delle belle sbronze. Eravamo rivali e complici al tempo stesso». La felicità suprema per Janssen è di «aver incontrato delle persone formidabili, alcune delle quali sono diventate i miei migliori amici. Con Roger Rosiers, che ha spesso dovuto arrangiarsi da solo, come me, nelle Classiche – anche durante la sua Parigi-Roubaix del 1971 – sono cinquant'anni che dura l'amicizia». Evocando la fine della sua carriera: «Quando la Flandria mi ha sbattuto fuori, nel 1972, dimenticandosi di pagarmi, ero consumato fino al midollo, spremuto come un limone. Quante volte dopo la fine della tappa sono andato diretto a letto. Correvamo sempre, senza sosta da febbraio a ottobre, e dopo la stagione su strada, continuavo con le Sei Giorni. Un anno ho superato i centottanta giorni di gare».

Scorrendo le sue dodici stagioni, Jan Janssen gioca con i ricordi quando all'improvviso tutto accelera e, con la Parigi-Roubaix del 1967, passiamo alle cose serie. È successo quasi sessant'anni fa ma per lui, vincitore quell'anno, sarà sempre come se fosse successo ieri. Fa un cenno in direzione del trofeo-pavé, simbolo della sua vittoria. Ecco cosa ne rimane nella sua memoria: «Siamo una decina in lotta per vincere quando entriamo nella città di Roubaix. Nessuno ha più la forza di attaccare. Sappiamo che si giocherà tutto durante la volata. I corridori sono Van Looy, Altig, Willy Planckaert, Sels, Motta, De Cabooter, Poulidor e Merckx. Arrivati in pista, un attimo di panico: la mia ruota dietro è sgonfia. Il calcolo è rapido: se prendo la curva troppo larga, rischio di stallonare, devo restare all'interno. Non ricordo più se Altig ha attaccato per primo o se sono stato io, ma la volata parte da lontano e vinco senza problemi. Il più bello sprint della mia carriera. Van Looy arriva secondo. Merckx si rialza e finisce a cinquanta metri». Fine della prima puntata. La seconda si svolge in occasione di una di quelle riunioni di ex corridori dove la vita reale diventa una semplice decorazione tanto sono tutti impegnati a disfare le loro valigie di ricordi. Eccoli durante la Parigi-Roubaix: meteo, cadute e forature riempiono la conversazione. Arriva l'ultimo rettilineo dell'edizione 1967. Tutti sono d'accordo nel dire che quel giorno Janssen era il più forte e ognuno aggiunge un commento quando, improvvisamente, rivolgendosi a Merckx, l'olandese gli scocca una freccia avvelenata, di quelle che non si dimenticano in fretta: «Ma come puoi parlare della volata, Eddy, se quel giorno lì non compari nemmeno nella foto». A questo piccolo gioco Merckx non è certo nuovo e può, anche lui, mostrarsi caustico. Eccoli di nuovo durante un'altra riunione di ex campioni. I giri di birra si alternano. Jan non sa più se ha appena finito la quinta o la sesta. Ne ha abbastanza, e ha solo voglia di andare a casa. Eddy lo chiama: «Dai Jan, ancora una!». «No, basta, mi fermo.» «D'accordo. Ho capito perché hai vinto un solo Tour de France.»

Il carattere forte del campione del mondo 1964 non gli ha procurato solo amici. Durante il Tour de France 1968, l'ultimo che si è disputato correndo in squadre nazionali e al quale Merckx non ha partecipato, deve aspettare l'ultima tappa cronometro per detronizzare Herman Van Springel e indossare di nuovo la maglia gialla che non ha portato che due giorni, sull'ultimo podio nel '68 e un'altra volta nel Tour 1966. Per arrivarci, afferma di aver combattuto su due fronti, «contro i miei avversari e contro il mio stesso direttore sportivo, Kees Pellenaars, che mi ha fatto una scorrettezza dopo l'altra. Durante un'intervista al "Vrij Nederland", tre giorni prima di Parigi, dichiarò: "Se Jan Janssen vince questo Tour, allora anche mia suocera ha tutte le possibilità per poterlo vincere". Iniziò la guerra. Pellenaars, pace all'anima sua, era il De Muer olandese: influente ed egoista. A differenza di De Muer, mi doveva un bel po' di soldi. Non ne ho mai visto neanche l'ombra».

Allo stesso modo, la sua franchezza e il suo temperamento gli giocheranno brutti scherzi nel giro, dove passa per un complottista antiMerckx: «Ho semplicemente detto ad alta voce quello che la maggior parte dei corridori pensava. Ma loro temevano delle rappresaglie, io no. Un giorno, via stampa, ho lanciato un appello alla rivolta. Perché non unirsi e darsi una mano? Era l'unico modo nel quale saremmo riusciti a presentargli il conto. Nessuno si è sollevato e in Belgio sono diventato il corridore più impopolare, al punto di farmi insultare e minacciare». La sospensione di Merckx, annullata nonostante il controllo risultato positivo a Savona durante il Giro del '69, non farà che nutrire la sua collera: «Mi ostino a dire che ci sono due pesi e due misure. Eddy risulta positivo e la questione arriva fino alle orecchie del re del Belgio e, guarda caso, si trova un errore di procedura che gli permette di presentarsi alla partenza del Tour de France. Lo stesso anno, durante la Parigi-Nizza, mi rifiuto di pisciare al controllo antidoping perché il dottor Bouteille, che era omosessuale, faceva di tutto per guardarci e vengo sospeso per quattro settimane. Credete forse che abbia chiesto udienza alla regina Juliana?». I due campioni si ritrovano alla partenza del Tour '69 a Roubaix, direzione Belgio e poi Paesi Bassi. A Woluwe-Saint-Pierre, la città di Merckx, Janssen riceve un'accoglienza detestabile, ma fa ammenda quando il Tour parte in direzione di Maastricht: «Sono andato da Merckx, che indossava la maglia gialla dopo il successo della Faema nella cronometro a squadre, e gli ho detto: "Me ne frego della classifica generale, ma vorrei almeno vincere la tappa che arriva a casa mia". Risposta di Eddy: "Sì, va bene. Nessun problema". Attacco a cinque chilometri dall'arrivo, guadagno cento metri, mi giro e cosa vedo? Van Den Bossche e Stevens a tutta velocità, all'inseguimento dietro di me. Ho mollato subito». Jan Janssen arriverà a Parigi con 52 minuti e 56 secondi di ritardo su Eddy Merckx. La Bibbia sconsiglia di attaccare il bue e il cavallo allo stesso carro. Con questi due, nessun rischio che questo versetto venga contraddetto.

Walter Godefroot

«Rik Van Steenbergen e Rik Van Looy, non sapevo se bisognasse chiamarli Rik o Signore.»

Nel 1970, i ritiri di inizio stagione sono già da tempo un passaggio obbligato. Tutto il peloton ci si dedica. Con il passare delle stagioni, il mondo cambia ma l'Italia è sempre in voga. Dopo la Sicilia e la Riviera, è il lago di Garda a essere diventato un punto di riferimento. Molte squadre italiane hanno scelto di prepararsi a Manerba, famosa per il clima mite e per i monti intorno. Walter Godefroot, che possiede già un brillante biglietto da visita – campione belga 1965, Liegi-Bastogne-Liegi 1967, Giro delle Fiandre 1968, Parigi-Roubaix 1969 – sfoggia la maglia Salvarani. Felice Gimondi ha ascoltato i consigli del suo amico e gregario Giancarlo Ferretti, sbalordito «dalla grinta di quel piccoletto dalle gambe grosse». La proposta non poteva arrivare in un momento migliore. Godefroot era appena stato definito un "turista" dal suo vecchio capo, alla Flandria, alla fine del Giro delle Fiandre del 1969 vinto da Eddy Merckx.

Manerba, gennaio 1970. Sulle rive del lago di Garda, i

corridori della Salvarani soggiornano allo stesso hotel di quelli della Scic e della Dreher. Eddy Merckx e i suoi Faemino stanno in un hotel vicino, i Molteni di Marino Basso e i Filotex di Franco Bitossi sono poco più lontani. E tutte le sere ci si scambiano informazioni e ci si spia. Un mattino piove a dirotto, un vero e proprio diluvio, un tempo da non far uscire un cane o un corridore. L'aneddoto, più volte riportato da Walter Godefroot, ha stupito tutti quanti tranne lui: «Dalle grandi vetrate guardiamo la pioggia che cade. La strada era deserta. Perdiamo tempo, ci rilassiamo sui grandi divani, le scarpe in mano pronti a partire, ma continua a piovere. Impossibile uscire con quel tempo. Improvvisamente, vediamo da lontano arrivare un tipo in bici, vestito come un pescatore, una tela cerata sulla schiena, proteggi scarpe, guanti. Era Merckx. Faceva la sua uscita, senza preoccuparsi della tempesta. La sua volontà è sempre stata la sua marcia in più».

Godefroot e Merckx sono diventati professionisti lo stesso anno, nel 1965. Il primo fa il suo debutto alla Quattro Giorni di Dunkerque, il secondo alla Freccia Vallone. Tre mesi più tardi, al campionato del Belgio a Vilvoorde, Walter, fatto per le volate, con delle cosce da lottatore di sumo – era in grado di rompere la catena della sua bici in partenza – vince davanti a Eddy. «Penso proprio di non averlo mai battuto negli arrivi in sprint per la vittoria» dice Merckx. Godefroot, che sarà uno dei pochi a poter rivaleggiare con lui sul fronte delle Classiche, fa notare che «non è successo spesso, effettivamente, ma una volta sì, nel 1973, all'arrivo della Liegi-Bastogne-Liegi, sulla pista di Rocourt» dove il podio della Doyenne è il seguente: primo Merckx, secondo Verbeeck, terzo Godefroot. Molto diversi tra loro per carattere, lo sono anche per estrazione sociale. Merckx, di classe modesta ma benestante, beneficia di eccellenti condizioni per l'allenamento. Godefroot, emerso dal mondo operaio, i genitori poveri, prende il treno con la sua bici in mezzo ai suoi fan per recarsi alla partenza delle gare. Durante le kermesse dove si ritrova con Rik Van Steenbergen e Rik Van Looy è così discreto, così intimidito che «non sapevo nemmeno se dovessi chiamarli Rik o Signore». L'unica cosa che hanno in comune, lui e Eddy, è una voglia insaziabile di vincere, esacerbata in Merckx, determinata in Godefroot, «a parte che io non volevo vincere tutto, tutto il tempo, non era il mio carattere». Ed è successo a volte che la loro rivalità prendesse una brutta piega. Nel 1966, all'arrivo dell'Attraverso il Belgio, Merckx lo spinge contro le barriere e lo fa cadere. Sarà declassato. «Quello che mi ha fatto arrabbiare» racconta Godefroot «è che il giorno dopo la stampa ha etichettato questo tamponamento come un incidente di lavoro.» La sua collera si intensificherà ancora nel 1967, all'arrivo della Liegi-Bastogne-Liegi, dove la volata si conclude in suo vantaggio: «I giornalisti hanno fatto un lungo articolo su Eddy, che non era al corrente del cambiamento dell'arrivo a causa della neve, e un minuscolo pezzo su di me che avevo vinto la Doyenne».[36] Ancora peggio, a proposito della sua mancata selezione per il mondiale dello stesso anno a Heerlen, visto che i pettegolezzi accusavano Merckx di esserne all'origine. Migliaia di tifosi manifestano il loro sostegno a Godefroot, al criterium di Drongen. La Royale ligue vélocipédique belge non batte ciglio e il campionato del mondo

[36] *Dans l'ombre d'Eddy Merckx*, op. cit.

parte senza di lui. Per molto tempo ha guardato a Merckx come al responsabile di tutto ciò. Oggi, difende la tesi opposta: «Merckx me l'ha assicurato e non metto in dubbio la sua parola».

Prima di seppellire l'ascia di guerra durante un criterium in Francia nel 1970, sono stati protagonisti di altri scontri di grande calibro. Giro delle Fiandre del 1968: da un lato Godefroot, Van Looy e Sels, dall'altro Merckx e Reybrouck. La presenza di Van Looy nel gruppo di testa, nemico giurato di Merckx, serve i suoi interessi e in volata, a Meerbeke, lascia Reybrouck dietro di due lunghezze. «Ho imparato in fretta che era una buona cosa avere degli amici nel peloton, ma che era ancora meglio non avere dei nemici.»[37] Parigi-Roubaix 1969: Godefroot arriva primo da solo al velodromo. Merckx, secondo a 2 minuti e 39 secondi, lamenta dei problemi intestinali durante tutta la gara. «Quando me lo chiedono, dico scherzando che ho vinto quella Parigi-Roubaix perché Merckx era malato.» Ma c'è comunque del rispetto tra i due. Merckx ha sempre detto di essere impressionato dalla devozione di Godefroot nei confronti di Gimondi durante il Giro del '70. Godefroot alza la mano e afferma di «aver sempre corso lealmente contro colui che mi aiutava a spingermi oltre. Non avrei sopportato di far perdere una gara a Eddy». È Merckx che farà il primo passo alla fine di un criterium, a immagine di quello che succederà tra Ocaña e lui, alla vigilia di una Attraverso Losanna memorabile dove la pace fu sottoscritta dopo una lunga nottata e alla fine di numerose bottiglie di whisky. La versione attribui-

[37] *Eddy Merckx: la biographie*, op. cit.

ta a Merckx, durante e dopo quel famoso criterium post Tour del 1970, e questa volta senza whisky, è la seguente: «Dimmi Walter, ci terremo il muso a lungo? Perché non vieni a correre nella mia squadra?».

Questa proposta rimarrà per molto tempo sospesa, ma non si concretizzerà mai e Godefroot riconoscerà di aver commesso in quell'occasione il più grande errore della sua carriera. Invece, si fa ingaggiare da Peugeot, e assicura di aver «incontrato dei campioni e delle persone per bene», ma anche di aver vissuto il suo peggior ricordo del Tour de France. «Nel 1971, durante la tappa di Orcières, foro due volte e la macchina di Gaston Plaud, il mio direttore sportivo, che dovrebbe aiutarmi, non c'è. All'arrivo, vengo eliminato per due secondi. Il giorno dopo durante la tappa di Marsiglia, una quindicina di corridori, tra i quali la squadra Kas al completo, arriva fuori tempo massimo, ma tutti vengono ripescati. Forse rappresentavo una minaccia troppo grande per Guimard, mi mancavano solo tre punti per la maglia verde. Se questo non è un due pesi, due misure, bisogna che mi si spieghi allora di cosa si tratta.»[38]

Se Merckx e Godefroot hanno lanciato la loro carriera lo stesso anno, nel 1965, Walter ne conta uno in più alla fine, che arriva nel 1979. Con questo omaggio a titolo di epilogo: «È logico subire un declino quando ci si avvicina alla fine della propria carriera. Ma per una questione di carattere, Merckx era sempre imbattibile. La sua ultima vittoria alla Milano-Sanremo, nel 1976, solo lui poteva fare una cosa simile».

[38] *Dans l'ombre d'Eddy Merckx*, op. cit.

Frans Verbeeck

«Il mio primo Omloop Het Volk, quello del 1970, riassume tutta la mia vita. Alle cinque del mattino sono partito per consegnare il latte, il burro e la panna nelle pasticcerie. Ho mangiato due panini prosciutto e burro al volante... Ho fatto tutta la gara in testa... In volata, Rosiers e Dierickx non avevano nessuna possibilità.»

Quante volte, da quando ho iniziato questo racconto degli anni di Merckx, ho sentito questa frase: «Si può essere un grandissimo ciclista, un campione, senza essere un eccellente corridore. Solo la vittoria di una Monumento apre la porta al Pantheon». Questa teoria è falsa. Frans Verbeeck non ha mai vinto neanche una delle cinque Monumento del calendario ma è comunque monumentale. Tra il 1970 e il 1977, è salito per otto volte sul podio delle quarantadue Monumento che ha disputato e, allargando il campo alle Classiche durante quello stesso periodo, appare cinquantasei volte nei primi dieci. Se non fosse stato preceduto da soprannomi decisamente particolari, mettendo le sue ruote nella cerchia dei professionisti, i suoi avversari avrebbero potuto battezzarlo "il Galeotto". Ma per tutti, Frans Verbeeck resterà "Zuppa", e poi più tardi diventerà "il Lattaio di Wilsele".

Un sabato di giugno a Wezemaal, nel Brabante fiammingo, a nord di Louvain. Verbeeck ci fa il suo burro, ma non in una latteria. Quella era prima, un'altra vita. La sua conversione l'ha portato nel settore dei tessuti sportivi, associato a suo figlio Marc. Insieme hanno fondato Vermarc – la prima sillaba di Verbeeck attaccata al nome del figlio. Oggi, la loro impresa è uno dei leader in Belgio, prima di tutti i produttori di componenti internazionali, e veste la metà del peloton professionista, squadre di calcio e la Lega belga francofona di atletica. Con un tono un po' solenne, sottolinea: «Merckx era un gran corridore, e si è dimostrato un gran signore. Per lanciare il mio business mi ha messo in contatto con tutte le sue conoscenze. Quando si viene mandati da Merckx è tutto più semplice. È una vera e propria cauzione morale quella che mi ha offerto». Il collegamento viene naturale. Se le rughe hanno segnato il suo viso, se i muscoli si sono sgonfiati, si indovina comunque dalle spalle larghe, dal petto massiccio e dalle mani da artigiano il corridore che è stato, colui che si è opposto senza sosta a Merckx. Un insieme di forza, coraggio e resistenza. In pochi secondi riemerge tutta la poesia di un mondo ormai sepolto. Un padre minatore in una miniera di carbone, una madre che prepara e vende zuppa: in casa Verbeeck il valore del lavoro ha sempre superato tutti gli altri. A quattordici anni, senza patente, il giovane Frans trasporta in un camion dei calderoni da cinquecento litri di zuppa di verdure che lui e sua madre vendono sulla piazza del villaggio di Overijse ai vendemmiatori venuti per la raccolta dell'uva – Il Léopold III, il Ribier e il Muscat, le varietà più conosciute. È da qui che nasce il suo primo soprannome, Zuppa.

Saltiamo di palo in frasca e andiamo avanti fino al 1963, l'anno in cui nella categoria indipendenti il giovane Verbeeck ottiene un primo contratto da professionista nella squadra Kint-Reno: «Ho firmato per 2500 franchi belgi (61 euro) al mese, pagati a dieci mesi. Una miseria. Ma avevo fame. Correvo ogni volta che potevo e nel 1964 mi hanno offerto un posto nella Wiel's-Groene Leeuw, la squadra di Benoni Beheyt, il campione del mondo». Tutto inizia ad andare fin troppo velocemente: «Disputavo soprattutto le kermesse. Un giorno, a Heusden, a metà gara il meccanico mi fa scendere dalla bici e mi dice: "Ho appena ricevuto una telefonata da Albert (De Kimpe, il direttore sportivo). Rientra e fai la valigia, domani devi essere a Rennes alla partenza del Tour de France". Ho resistito nove tappe in quel Tour del '64, e sono arrivato tre volte nei primi dieci, prima di abbandonare».

Verbeeck arriva secondo al Gran Premio di Francoforte l'anno successivo, ma quando fa i conti alla fine del mese ne ha appena abbastanza per i biberon del piccolo Marc. I calcoli son presto fatti: compra una latteria e appende la bici al chiodo. Un'altra vita. Sveglia alle quattro del mattino. Carica un catorcio di bidoni di latte, panetti di burro, panna, e via per la giornata. Il Lattaio di Wilsele, dal nome del suo villaggio d'origine, è nato. Ma il demone della bici sonnecchia in lui, e a volte la infila di soppiatto nella camionetta per andare a pedalare in giro. Quello che preferisce è la scatto fisso. Dal lato di Kessel, ha trovato un monte con le strade in pavé che sembra un muro. Sabbia ai lati, un fascio d'erba nel mezzo e dei grandi pavé tutt'intorno. «La prima volta non sono riuscito ad arrivare in cima. A metà salita sono caduto nella sabbia. Avevo anche un circuito intorno a un lago dove facevo circa cento chilometri. Tornavo stremato. Alla fine, ho confessato tutto a mia moglie, che non voleva tornassi a pedalare. Quando ho trovato lavoro in squadre piuttosto modeste, alla Okay Whisky e poi alla Watneys, non avevo più nessun punto di riferimento e per sicurezza facevo il lattaio al mattino e mi allenavo al pomeriggio. Mi ricordo che il 1° gennaio del 1969 sono andato sul Kesselberg, e l'ho scalato con il 52 x 16, a scatto fisso, quaranta volte di seguito.»

Le storie di Verbeeck depositano una sottile polvere sulle corse di un tempo, ma non è polvere di fata. In quel mondo di ieri, con quella passione per le gare, sempre intatta e che porta nel sangue, confessa avere avuto «una vita da sogno. Appartenere a quella generazione di corridori è un privilegio che non potrebbe essere sostituito da niente. È un regalo del cielo, anche se non ho solo pregato per ottenere il mio posto. Quando ci si alza alle quattro del mattino per consegnare il latte, quando poi al pomeriggio si pedala per tre ore o anche di più su una bici, al punto da non riuscire a camminare una volta scesi, se mi avessero dato del matto avrei risposto che sì, lo sono. Alcuni giorni quando mia moglie Angèle faceva le consegne al posto mio, mi spingevo con la bici fino nelle Ardenne. Andata e ritorno erano 380 chilometri». Ha solo raramente vinto contro Merckx: «Era davvero troppo forte per noi, ma mi è anche capitato di pedalare con estrema facilità».

Il Lattaio vince così l'Amstel Gold Race (1971), il Circuito Het Volk (1970, 1972) e diventa campione del Belgio nel 1973, battendo Merckx in volata. Si diverte raccontandolo: «Eddy è in fuga, da solo in testa. Godefroot, De Vlaeminck e poi Van Springel hanno provato a raggiungerlo ma si sono tutti bloccati sulla parte più ripida. Quando ho attaccato, sapevo che l'avrei ripreso. Quel circuito corrispondeva alle strade sulle quali mi allenavo, e lo conoscevo a memoria. E certo, una volta su due mi ha chiesto di dargli il cambio e ho rifiutato. Esattamente come lui aveva fatto durante la Gand-Wevelgem qualche settimana prima, quando mi era rimasto in scia, sul finale, per battermi allo sprint. Durante quella corsa per il titolo, c'era Willy Planckaert nel gruppo degli inseguitori, il più rapido di tutti noi e quello con il quale era più in conflitto. Allora mi ha tirato, e sono diventato campione del Belgio».

Sospira ancora infastidito pensando alla loro Liegi-Bastogne-Liegi del 1973, dove lui, Merckx e una decina d'altri entrano insieme nel velodromo di Rocourt: «La linea d'arrivo era stata portata avanti. Vinco la volata sulla linea sbagliata e Merckx mi supera di tre centimetri al fotofinish su quella giusta. Sono rimasto insonne e avuto degli incubi su questa storia per lungo tempo». Il palmarès del Lattaio non è comunque da meno. Due volte secondo al Giro delle Fiandre: nel 1974, quando batte Merckx, ma viene a sua volta battuto dall'olandese Cees Bal; e nel 1975, quando segue Merckx attraverso Monts per più di cento chilometri prima di mollare, allo stremo delle forze, sul finale. Però non è né questa fantastica epopea nelle Fiandre, ancora nei ricordi di tutti, né la sua maglia di campione del Belgio che sceglie quando deve parlare del momento che ha segnato particolarmente la sua carriera: «Se dovessi inquadrarne uno,» dice sorridendo «sarebbe il mio primo Omloop Het Volk, quello del 1970. L'ho vinto per la seconda volta nel 1972, ma la prima riassume tutta la mia vita. Avevo ancora i miei due lavori. Un sabato mattina, alle cinque, parto per consegnare il latte, il burro e la panna nelle pasticcerie. Al ritorno, sono salito sulla mia vecchia Volkswagen che aveva ancora le frecce sui lati, e sono andato a Gand. Ho mangiato due panini al prosciutto e burro al volante e ne ho messi altri due nelle tasche della maglia. Sono arrivato tre quarti d'ora prima della partenza. Percepivo in me una forza incredibile. Ho fatto tutta la corsa davanti. Riesco a entrare nella buona fuga, mentre Merckx e De Vlaeminck rimangono bloccati. In volata, Rosiers e Dierickx non avevano nessuna possibilità. Quel giorno, la mia vita è cambiata e il mio contratto è stato rivisto, con un aumento di stipendio da 3000 a 15.000 franchi belgi al mese (372 euro)». Chi potrebbe rifiutare a quest'uomo qui un posto nella Sala degli Illustri?

Eric Leman

«Merckx non ti lasciava mai scelta.»

Eric Leman è uno di quei corridori che gli specialisti qualificano come «vero, vero fiammingo», quei cacciatori di Classiche pronti a qualsiasi sacrificio per vincere la più bella gara del mondo per un *flahute*, cioè il Giro delle Fiandre. Formano una casta, una massoneria, fiera dei loro successi. Leman ha vinto questo *tour de force* tre volte, nel 1970, 1972 e 1973, come Achiel Buysse e Fiorenzo Magni prima di lui, e come Johan Museeuw, Tom Boonen, Fabian Cancellara e Mathieu van der Poel dopo di lui. Tre vittorie impreziosite dalla presenza di Eddy Merckx, «dio fra gli dei», nella resa dei conti finale. Tre date emblematiche che Leman sfoggia sul suo biglietto da visita. Se si è autoproclamato «il corridore più veloce del mondo» durante la prima metà degli anni Settanta, «i miei avversari lottavano per mettersi in scia», non bisogna interpretarlo come una forma di supponenza ma al contrario come una dimostrazione di una grande fiducia in se stesso, un'ambizione smisurata. Il grande Briek Schotte, soprannominato "l'Ultimo dei fiamminghi" – due volte campione del mondo, due volte vincitore del Giro delle Fiandre – con l'occhio allenato a riconoscere chi ha «la stoffa, la passione e il talento», sarà il suo primo direttore sportivo. Nel 1968, ingaggiando Leman alla Flandria – «Oh, un contrattino da niente» borbotta l'interessato – Schotte non fa le cose a metà: «Quello lì ha carattere e le gambe di Van Looy».

Il garzone del macellaio di Izegem, primo mestiere di Leman, gli darà ragione. «Bisognava volerlo e Robert, mio fratello, che aveva provato a fare un po' di bici, da amatore, mi ha spinto perché io diventassi quello che lui non era riuscito a diventare. La mia giornata nel laboratorio di macellazione delle carcasse iniziava alle 6 del mattino. Alle 12 mi mettevo al volante e andavo a consegnare le ordinazioni, e solo verso le 17 partivo per allenarmi. Niente mi avrebbe fatto deviare da quella furiosa voglia che avevo di diventare un professionista. O forse solo la caccia, mia grande passione» dice Leman scherzando. Selezionato nel 1968 con la squadra B del Belgio per partecipare al Tour de France, vince la 21ª tappa, naturalmente in volata. Alla fine della stagione successiva, si addensano grossi nuvoloni tra Walter Godefroot e lui. Questione di supremazia. Godefroot, che si è già aggiudicato la Liegi-Bastogne-Liegi nel 1967, il Giro delle Fiandre del 1968 e la Parigi-Roubaix 1969, pone un ultimatum. In sostanza: «O se ne va lui, o io». Leman abbozza una spiegazione: «Bisogna immaginare due belve e una sola preda. Non avrei mai ceduto la mia parte, e nemmeno lui. Un vero fiammingo è così, ostinato, duro a morire. Non si lamenta mai. Non ha mai freddo. Non ho mai indossato dei guanti per correre, a parte durante la Parigi-Roubaix a causa delle vibrazioni e delle vesciche. Così Walter è andato a correre in Italia».

Nel 1970, la rivalità che li ha divisi per due stagioni arriva al suo parossismo, «senza dimenticare che potevamo tutti e due farci demolire da Merckx, che voleva vincere tutto. Non ho mai dubitato delle mie gambe. Avevo quella che si chiama una marcia in più. Era la mia specialità. A tutta velocità, davo un colpo di reni che mi spingeva in avanti e che mi permetteva di superare i miei avversari». Delle tre vittorie alla Ronde, Leman è particolarmente fiero di aver battuto Eddy Merckx tre volte, ma la sua prima, nel 1970, ha un gusto particolare: «Sul finale, Merckx e Godefroot si mettono d'accordo per tirarmi il collo. Walter attacca per primo, prende 250 metri di vantaggio e io dietro all'inseguimento, con Merckx in scia che non mi dà mai il cambio. Ci ho messo due chilometri per riprenderlo. Sapevo che Merckx avrebbe contrattaccato subito. Fortunatamente avevo ancora delle riserve di energia e l'ho seguito senza problemi. In volata, sapevano tutti e due che avrebbero perso». Questo successo l'ha raccontato a Dries de Zaetijd, figura chiave del museo del ciclismo di Roeselare: «All'arrivo, non c'era la doccia, bisognava arrangiarsi. Ho preso la mia bici e passando per dei vicoli mi sono addentrato nella campagna. Non l'ho mai trovata così bella. Ho pedalato fino a una fattoria che non conoscevo. Non ho detto che avevo appena vinto la Ronde. Ho chiesto alla contadina se potevo togliermi il fango, lei ha versato dell'acqua calda in una bacinella e ho iniziato a lavarmi, ripensando ai momenti migliori della giornata».

Nel marzo del 1971, Leman è colpito duramente dalla notizia della morte di Jean-Pierre Monseré, del quale era molto amico. La sera stessa la Flandria abbandona la Parigi-Nizza. Ma, come mormora un detto popolare, se si chiude una porta alla sfortuna questa entra da un'altra parte. E dieci giorni dopo, una tragedia incredibile lo colpisce di nuovo. In viaggio per recarsi all'Amstel Gold Race in macchina, con a bordo sua moglie Marie-Rose e sua sorella, viene sorpreso da un banco di nebbia. La macchina tampona violentemente il veicolo che li precede, guidato da Roger De Vlaeminck. Sua moglie viene scagliata attraverso il parabrezza e muore poco dopo. Lui è annientato. Ci vorrà tutta la forza persuasiva di Briek Schotte per aiutarlo a superare questo incubo e spingerlo a partire comunque per il Giro delle Fiandre, una settimana più tardi. All'arrivo a Meerbeke, si piazza al 24° posto. La bici diventa la sua boa di salvataggio.

Al Tour de France, Leman si aggiudica tre tappe. Impressionato dalla sua forza di carattere, dal suo coraggio, dalla sua fede nel mestiere, Maurice De Muer gli offre una nuova vita nella Bic. Raggiunge Roger Rosiers, suo compatriota che ha appena vinto la Parigi-Roubaix, e Luis Ocaña. Ma integrarsi è difficile. Roland Berland, ex compagno di squadra, si ricorda «di un tipo distaccato, che restava sulle sue, non faceva lo sforzo di parlare francese ed era piuttosto introverso, al contrario di Rosiers, fiammingo fino alle ossa, soddisfatto e felice di essere lì». Leman fa notare giustamente che non ha mai ricevuto abbastanza sostegno durante la preparazione delle Classiche: «In allenamento, partivamo per un'uscita di duecento chilometri, e alla prima goccia di pioggia, hop!, i francesi facevano dietrofront. C'era solo il Tour che contava per loro e mancavano cinque mesi a luglio. Allora dovevo continuare da solo. È stata dura, ma mi piaceva farmi del male.

Fino a non riuscire a camminare scendendo dalla bici. Non avevo scelta, se volevo pedalare nei gruppi di testa. Merckx non ti lasciava mai scelta».

Christian Palka, suo compagno di squadra, ha strappato la sua convocazione per il Giro delle Fiandre del 1972 a una kermesse, a tre giorni dalla partenza. Racconta: «Su queste stradine che ti fanno girare la testa, tra saliscendi e pavé, tutti i più forti sono venuti a provare il percorso. De Vlaeminck, Verbeeck, Rosiers, Leman... sono tutti lì, i *flahute*. Durante la corsa sono rimasto in testa e naturalmente mi metto al servizio del "grosso", così chiamavo Leman perché aveva un posteriore un po' robusto. All'arrivo, si congratula con me. La sera, ricevo una telefonata da De Muer. "Ma dimmi allora, sembra che tu pedali bene in questo momento. (Silenzio.) Be', se ti senti pronto, parti per il Giro delle Fiandre domenica." Ho capito che Leman e Rosiers gli avevano parlato. E hanno fatto bene. Al rifornimento di Deerlijk, dopo Courtrai, si va a tutta velocità. Tra dieci chilometri c'è l'Oude Kwaremont e sono davanti, accanto a Leman. Siamo in testa, sono quasi in scia a Merckx. Appena dietro di me, ci sono Rosiers e Leman. Tutti i Monts – che allora non erano così numerosi come oggi – li ho superati accanto a Leman e, scollinando, gli davo la spinta necessaria per farlo restare nel gruppo. Le forze mi hanno abbandonato sul Bosberg, ma il peggio era passato. Arrivano in sette, Leman li mette tutti in linea e Merckx arriva al settimo posto. Lunedì mattina, su "La Voix des Sports", il giornalista René Deruyk ha scritto che avevo "guadagnato le mie mostrine da grande gregario"».

Leman fa il tris nel 1973 con la maglia della Peugeot, a discapito di Maertens e Merckx. Con i suoi anni più belli ormai alle spalle, il macellaio non parlerà più del suo "gran motore", la sua risorsa maggiore, ma di tempi di recupero che si allungano: «Avevo bisogno di due settimane per tornare a dormire normalmente dopo una stagione da centocinquanta giorni di gara. Quando ho iniziato a sentire che il mio corpo si indeboliva, non mi sono preso in giro. Non serviva a niente insistere. Acceleri e comunque sei meno veloce. Allora, ho pensato alle battute di caccia. Non volevo privarmene e ho avuto ragione».

Rik Van Looy

> *«Ho un solo rimpianto: non essermi potuto misurare con lui durante i miei anni d'oro. Penso che il mio bilancio sarebbe stato decisamente superiore al suo. Nello sprint ero più veloce.»*

Il Belgio, che non ha mai avuto un imperatore, se ne è trovato uno a Herentals, il soprannome di Rik Van Looy, o "Rik II", perché nella dinastia dei Rik, Van Steenbergen arriva prima di lui. Nel 1965, Van Looy ha vinto praticamente tutto nel registro delle Monumento e delle Classiche. La sua egemonia è tale che non ha una squadra al suo servizio ma una vera e propria Guardia rossa. A trentadue anni, per la sua tredicesima stagione, si regala una terza Parigi-Roubaix. Anche se sazio, deve a se stesso delle conquiste, dev'essere il Minotauro che nel suo labirinto possiede ogni cosa.

I suoi debutti sono così lontani che i primi colpi di pedale tra i professionisti li ha dati nel 1953, ai tempi di Fausto Coppi, Gino Bartali, Fiorenzo Magni, Louison Bobet, Ferdi Kübler, Hugo Koblet, Rik Van Steenbergen, Stan Ockers, Briek Schotte, Jean Brankart e tanti altri. Poi, Van Looy ha regnato sui suoi contemporanei – Jean Forestier, André Darrigade, Jean Stablinski, Fred De Bruyne, Noël

Foré, Gilbert Desmet, Peter Post, Nino Defilippis o Miguel Poblet. Nel 1965 quindi si avvicina al suo record di vittorie: 371. Un palmarès? No, un impero! Ci troviamo due titoli di campione del mondo, tre Parigi-Roubaix, due Giri delle Fiandre, una Liegi-Bastogne-Liegi, un Lombardia, qualche Gand-Wevelgem, qualche Parigi-Tours, una Parigi-Bruxelles, una Freccia Vallone e trentasette vittorie di tappa nei grandi Tour. Quando, all'inizio della stagione '65 si abbatte una nuova ondata, una terza generazione che sogna anch'essa conquista e potere, è del tutto naturale.

Non sa, Rik Imperator, o non ha voluto sapere, quando la ruota del tempo gira a una velocità folle. Come potrebbe rendersene conto quando i suoi gregari, la sera, si bevono le sue parole, ridono quando lui ride e si stupiscono ascoltando delle storie che conoscono a memoria? E se sfortuna volesse che uno di loro non si adegui, viene subito messo al bando, come Eddy Merckx, adornato di un titolo di campione del mondo amatoriale nel 1964 e refrattario a qualsiasi forma di obbedienza. Sbarcando alla Solo-Superia, nel 1965, Merckx, a mente libera, immagina il mondo futuro a sua immagine. Ha appena vent'anni, vuole inventarsi una vita sua e non avere rimpianti. La bici non è forse il cammino della libertà, invece che quello della servitù? Con il grande amico Patrick Sercu, campione del mondo di velocità nel 1963 e campione olimpico 1964 sul chilometro, anche lui nuovo alla Solo-Superia, ne parlano spesso e fanno grandi progetti. La coppia si è già fatta una certa reputazione nel mondo delle Sei Giorni. Merckx ha capito immediatamente che non avrebbe mai fatto parte del clan Van Looy: «Durante la Parigi-Lussemburgo mi hanno trattato come l'ultimo degli scemi».

Jean Van Buggenhout, il suo manager, aveva creduto di fare la cosa giusta offrendogli un posto nella squadra di Van Looy e Van Steenbergen, due corridori esperti. In un ambiente ostile per un principiante quella era un'opportunità. Ma si sbagliava. Merckx diventa il capro espiatorio della squadra. A tavola, subisce solo sarcasmo e angherie. Alle prese in giro riguardo la sua tenuta, il suo fisico, si aggiungono quelle sulle gallette di riso preparate da Jenny, sua madre. L'Imperatore d'Herentals gli ha trovato un soprannome: "Jack Palance", un attore americano con i baffi ben marcati, come lui, e un po' duro di comprendonio nei film in cui interpreta il ruolo del cattivo. Non è più un'iniziazione, è bullismo.

Il ragazzo timido, rispettoso che è Merckx, che prende dai legami famigliari tutta la sua forza spirituale, ha molto sofferto di questo conflitto umiliante e volgare. Agli insulti seguono degli scherzi da ciarlatani: la ruota davanti svitata prima di un'uscita di allenamento; sella spennellata di grasso o di colla. Tubolare incollato male per farlo uscire dal cerchione. È imperativo cambiare aria per il giovane Merckx, di dodici anni più giovane dell'Imperatore. Ed è quello che fa dal 1966, integrando la squadra Peugeot dove Tom Simpson – un CV accecante, Giro delle Fiandre, Milano-Sanremo, Giro di Lombardia, campione del mondo – non si astiene dal fargli qualche scherzo con la complicità di... Van Looy.

Ci voleva una certa forza di carattere per osare tener testa all'Imperatore. Perché anche invecchiato, anche se non è più propriamente sotto i riflettori, rimane un'autorità, ma che dico, un monumento. Il nome di Van Looy rappresenta un capitale distaccato dalla sua persona. Il suo cognome è al tempo stesso un mito e un articolo di commercio.

Una leggenda, perché era ancora capace, a trentasette anni, di riempire un intero treno di persone che volevano vederlo correre all'estero. Anche una pubblicità, perché Willem II, un venditore di sigari, suo nuovo sponsor a partire dal 1967, crea delle fascette "Van Looy" sovrastate dalla sua effigie per i migliori avana della sua gamma. Ego smisurato? Senza alcun dubbio. Ma anche un successo assicurato. Chi avrebbe potuto immaginare che quest'immenso campione, adulato, rispettato, che ha vinto tutte le Classiche, si sia abbassato a tali deplorevoli attacchi a Eddy Merckx? Per dare un'idea della grandezza e della popolarità di Rik Van Looy, alla fine della sua carriera, nella Campine e in tutto il Belgio i suoi sostenitori si contavano ancora nell'ordine delle decine di migliaia.

Eddy Merckx se ne è andato nel 1966 e non ha comunque smesso di percepire la sua influenza. Nel 1968, ha già arraffato due Milano-Sanremo, una Parigi-Roubaix e, al mondiale di Imola, è il capofila della selezione nazionale in quanto campione del mondo uscente. Van Looy ha staccato il proprio biglietto in extremis. Merckx non vi si è opposto. Nel grande giorno, la squadra dimentica Van Looy all'hotel e, quando Rik II li raggiunge in bici al punto di partenza, la gara è già iniziata senza di lui. Poco male, visto che raggiungerà facilmente il peloton e l'incidente verrà archiviato da tutti come una peripezia tra le altre. Ma non da lui. Non perdonerà mai questo crimine di lesa maestà, e ancora oggi è persuaso che si sia trattato di un colpo organizzato.

Nel 1969, si presenta alla partenza del suo ultimo Tour de France. Si avvicina ai trentasette anni. Fin dalla prima tappa, i Faema hanno preso il potere e dirigono ogni cosa. Julien Stevens, un gregario di Merckx, indossa la maglia gialla quando Van Looy, all'inizio della quarta tappa Charleville-Mézières-Nancy, tenta un azzardo e parte da solo. Subito, tre maglie Faema partono all'inseguimento. Con un gesto, Merckx ferma la caccia. Ed è con la benedizione del suo grande rivale che Van Looy vince la sua settima vittoria di tappa nel Tour de France. Due giorni più tardi, distrutto, arriva fuori tempo massimo al Ballon d'Alsace e riconsegna il suo pettorale numero 99. La pace tra il laureato del Tour '69 e il suo glorioso fratello maggiore è durata solo un centinaio di chilometri, il tempo di una tappa nell'est della Francia, perché nei criterium post Tour francesi o nelle kermesse belghe i coltelli sono di nuovo tra i denti. Van Looy, che ne sa una più del diavolo, prende l'abitudine di infilarsi in scia del suo giovane rivale e di non spostarsi più. Il vincitore del Tour 1969 si rifiuta allora di tirare. I due avversari fanno il vuoto, si fissano, il gruppo li sorpassa e la loro scenetta li ridicolizza. Il tutto si ripete a Liedekerke, Rijnemann e Hasselt, dove Eddy, fuori di sé, definisce Rik «quel vecchio caprone maledetto».

Ma il tempo fa il suo corso e Merckx non ha poi esitato a finanziare e a venire in aiuto alla scuola di ciclismo creata da Van Looy. Tuttavia, mezzo secolo più tardi, le vecchie ruggini sono ancora vive e basta poco affinché un dibattito sulla BRT, la televisione belga, in presenza di Van Steenbergen, degeneri. Van Looy non apprezzerà di essere chiamato in diretta un "succhiaruote", ma salverà la faccia con questa dichiarazione: «Eddy resta il miglior corridore di tutti i tempi. Ho un solo rimpianto, quello di non essermi potuto misurare con lui nei miei anni migliori. Penso che il mio bilancio sarebbe stato superiore al suo. Nello sprint ero più veloce».

Joop Zoetemelk

«Merckx non veniva mai battuto, era quella la sua forza.»

L'insondabile giovinezza di Joop Zoetemelk gli ha permesso di diventare campione del mondo a trentotto anni, otto mesi e ventinove giorni. Nel corso della sua carriera, lunga diciotto stagioni, dal 1970 al 1987, l'olandese di Germigny-l'Évêque ha partecipato a sedici Tour de France, tutti finiti, è salito sul gradino più alto del podio nel 1980 e sei volte sul secondo. Non rimpiange di aver preso in piena faccia gli anni di Merckx e poi, senza transizione, quelli di Hinault, «non si fa la storia con i "se"», preferisce ricordare che «ho vinto una corsa importante ogni stagione». Di Eddy Merckx dice senza peli sulla lingua: «Non era mio amico. Denunciava la mia passività. Senza dubbio non se ne rendeva conto, ma ero dietro di lui sempre a tutta velocità, e semplicemente contento di essere lì. Una Due cavalli non si mette in competizione con una Ferrari. Ci dicevamo a malapena buongiorno e la stampa non ha fatto che ingrandire la distanza che c'era tra di noi».

Zoetemelk è nel posto d'onore durante la famosa tappa di Orcières, Tour 1971, quando Luis Ocaña si porta avanti in vista della vittoria finale: «Non ho tirato neanche un centimetro, lo riconosco, ma non ne ero in grado. Non era una grande giornata per me. Mi è stato rimproverato, ma oggettivamente toccava a lui prendersi le sue responsabilità e non far ricadere la colpa sugli altri, come ha detto spesso. In gara, durante il Tour, non si hanno amici. A volte ci sono delle alleanze di circostanza, ma altrimenti ognuno è per sé e non sono d'accordo con Merckx quando sostiene che noi fossimo felici di assistere al suo funerale sulla salita di Orcières. Abbiamo visto tutti durante la tappa seguente in che modo era resuscitato. Merckx non veniva mai battuto, era quella la sua forza. Nell'inseguimento verso Marsiglia, Ocaña a un certo punto mi dice: "Lascialo lì a due minuti, sarà il suo suicidio", ma a Parigi era Merckx che era in giallo mentre Ocaña era a casa».

Oggi, Zoetemelk si dice incapace di scegliere il successo del Cannibale che l'ha più marcato: «Si sarebbe detto che più di vincere gli interessava spingere ogni volta i suoi limiti più lontano. Non sapevamo mai cosa avrebbe fatto né come, ma trovo che esagerasse a voler vincere sempre e tutto. Io non ho quella mentalità. Quando venivo battuto, se avevo corso bene, ero soddisfatto. Al contrario, Merckx non ha mai ammesso l'idea della sconfitta, e senza dubbio ha dormito male ben più di una notte». I rispettivi caratteri e le circostanze non hanno permesso nemmeno l'ombra di un riavvicinamento tra questi due grandi campioni: «In Belgio, sapevo cosa mi aspettava quand'ero alla partenza di una corsa. Dei fischi e degli insulti. Dopo il mio incidente nel 1974, mi ci sono voluti quasi due anni prima di ritrovare un buon livello e conservarlo. Di tanto in tanto vincevo una bella gara, la Parigi-Nizza nel 1974, la Freccia Vallone nel 1976, o ancora un secondo posto al Tour de France lo stesso anno, ma ero diventato un po' pauroso». Joop si ricorda in particolare di un campionato del mondo su strada, a Yvoir, dove dopo aver ricevuto delle minacce aveva avuto diritto a una scorta della polizia. «La squadra belga era la grande favorita con Merckx e De Vlaeminck, ma quando Kuiper è andato in fuga ho fatto in modo di non correre mai da solo e ho preferito aspettare un piccolo gruppo. Ero più tranquillo.»

Eddy Merckx non era già più nel peloton quando Joop Zoetemelk, trentaquattro anni, ha finalmente scritto il suo nome sul palmarès del Tour de France. Cinque anni più tardi, giovane come l'aglio, diventa campione del mondo a Giavera del Montello, in Italia, e rimane ancora il più vecchio vincitore della maglia arcobaleno della storia. Molto tempo dopo aver abbandonato la bici, di ritorno da un giro, era ben lontano dal pensare al Cannibale: «Eddy Merckx ti ha telefonato. Bisogna che lo richiami». Ne è ancora stupito: «Dall'altra parte della cornetta, mi ha spiegato che stava organizzando personalmente un giro in Austria per tutti gli ex campioni del mondo e che naturalmente aveva pensato a me. Il suo gesto mi ha toccato. Abbiamo trascorso un soggiorno straordinario, molto lontani dalle vecchie dispute».

Bernard Hinault

«Un legame molto forte mi unisce a Merckx.»

Eddy Merckx l'ha designata un giorno come suo successore e perfino come suo figlio spirituale. Come si sente?

Prima di tutto ne vado molto fiero. Ero appena entrato nel mondo dei professionisti quando mi ha dato una grossa mano in modo che vincessi il Delfinato, nel 1977. Il suo gesto è stato spontaneo. Avevo subito una brutta caduta, mentre lui era indispettito che gli altri volessero fargli la pelle. Quando il più forte corridore del mondo ti aspetta e ti dice «Mettiti in scia, attaccati», ti senti in un sogno e capisci che ha davvero voglia di aiutarti. Per me, quella è stata una motivazione straordinaria. Senza di lui, non ci sarei riuscito. E attraverso di me si è vendicato del tiro che gli avevano fatto. Merckx gregario di Hinault, ogni volta che ne parlo sorrido.

Qualche settimana prima, era stato presente nel finale della sua prima vittoria nella Liegi-Bastogne-Liegi. Non era più il grande Merckx...

Oh, attenzione, bisognava arrivarci al finale. La gara

era stata molto dura, ci sono solo venti classificati. Eravamo sei a essere andati in fuga. Io ho risposto all'attacco di Dierickx e l'ho battuto nello sprint. Dietro di noi, per una manciata di secondi, Eddy è arrivato – credo – sesto. La cosa più divertente è che era sempre con me durante il finale nel 1980. Aveva smesso di correre nel 1978, ma era nella macchina della direzione di corsa dietro di me. Di quella Liegi-Bastogne-Liegi spaventosa, mi rimangono due cose nella memoria: il tempo glaciale, la neve tutto il giorno e la presenza di Merckx. Sentire su di sé lo sguardo di qualcuno che ha ottenuto dei successi così straordinari durante la sua carriera ti dà la forza per essere all'altezza.

Cinque Tour de France ciascuno nel vostro palmarès, ma nessun Tour in comune. L'anno in cui lui abbandona la bici, nel 1978, lei vince il suo primo. Come passaggio di consegne, non c'è niente di meglio.

È vero che ci si può vedere una strizzata d'occhio. Le circostanze, il destino hanno voluto fosse così. Può darsi che sia un po' più di un caso. Un legame molto forte mi unisce a Merckx, da sempre. Credo che sia stato un buon modo per passarsi il testimone.

Avete lo stesso modo di correre?

Abbiamo la stessa determinazione a vincere, sì. Ma la mia maniera di correre era diversa. Eddy faceva tutto il calendario, fino in fondo, i Tour, le Classiche, i criterium, le Sei Giorni. Dal 1° gennaio al 31 dicembre non stop. È fenomenale. Io puntavo piuttosto a degli obiettivi precisi, ma era un'epoca in cui si correva tutto l'anno, è importante e bisogna precisarlo.

Quando lei era più giovane, Merckx è stato una fonte d'ispirazione?

Ho due idoli che mi hanno ispirato e mi hanno aiutato a crescere: Jacques Anquetil e Eddy Merckx. Ho preso da uno e dall'altro quello di cui avevo bisogno.

Quale impressione le ha fatto Merckx la prima volta?

Eravamo penso a una Parigi-Nizza, quella del 1975. Zoetemelk l'ha vinta e Eddy dev'essere arrivato secondo. Mi ricordo che le persone non smettevano di dirmi: «Hai visto, c'è Merckx. Sarà dura». Ho risposto a un giornalista: «Merckx ha due braccia, due gambe e una testa per usarle. Come me. Lui ha voglia di vincere, io pure». Le cose erano dette. Ero agli inizi, avevo voglia di battermi, voglia di andare in bici e Merckx partecipava a questa motivazione. Non sono mai partito per una gara dicendomi: "Oh accidenti, c'è Tizio o c'è Caio". Se ci si mette in tale stato d'animo, allora è meglio andare a pesca.

Primo campionato del mondo, nel 1976, a Ostuni. In volata, Merckx arriva quinto e lei sesto. Ancora un segno?

Finire dietro a Merckx è un fatto di gara, né più né meno. Dire che sono arrivato sesto ai campionati del mondo in scia a Merckx non m'interessa. Ostuni, per me, non è un buon ricordo. Avevo una vera possibilità di diventare campione del mondo e non ha funzionato a causa dei problemi in seno alla squadra francese. Quando chiedi a qualcuno di chiudere un piccolo distacco, e dico piccolo, e quello ti risponde che non ce la fa e un attimo dopo passa all'attacco sapendo che non ne è all'altezza, come si fa a portare a casa la maglia? (Silenzio.) Non ho nemmeno voglia di fare nomi. È passato così tanto tempo...

Alla sua epoca, quella di Merckx, le stagioni erano piene e si finiva a centrotrenta, centocinquanta giorni di gara in media. Oggi i corridori, con rare eccezioni, stabiliscono i loro obiettivi separando con cura i grandi Tour dalle Classiche. Potrebbe correre in questo modo?

Chi ama la competizione non gareggia così. La bici è un gioco, è una passione e soprattutto non è un mestiere. Coloro che si mettono nell'ottica del lavoro non hanno capito niente. Si perdono una cosa essenziale, il divertimento. Mi ripeto spesso che ho fatto bene ad approfittarne. Mi dico anche, ripensando a coloro che corrono cinquanta giorni l'anno, che devono annoiarsi parecchio ad aspettare.

A chi si sente più vicino, Anquetil o Merckx?

Penso di essere più vicino a Eddy. Penso di somigliargli. In bici, amavamo vincere le Classiche facendo dei numeri particolari, oltre ai grandi Tour, certamente. E ci apprezziamo moltissimo.

Compagni di squadra

«Ci siamo fatti strada con il lavoro, con il sudore della nostra fronte. Tutto ha un prezzo.»

Patrick Sercu, amico e gregario di Merckx

Dal suo debutto nel 1965 alla sua ultima stagione nel 1978, durante la quale conta solo cinque giorni di gara, Eddy Merckx ha avuto centotrenta compagni di strada. Da semplice gregario alla Solo-Superia e alla Peugeot, fino a direttore d'orchestra alla Faema dal 1968, si è sforzato di dare alla parola gregario una connotazione famigliare. «Perché» dice Merckx «è in famiglia che si impara com'essere un uomo.» Alcuni gli hanno dedicato la sua carriera: Joseph Bruyère, Frans Mintjens, Joseph Spruyt e Victor Van Schil gli sono rimasti fedeli per nove stagioni. Jos De Schoenmaecker, Jos Huysmans e Roger Swerts sono tornati per otto volte. Ward Janssens ha fatto tutte le campagne per sei anni, Martin Van Den Bossche ne conta cinque, Ludo Delcroix, Patrick Sercu e Julien Stevens quattro. Come in tutte le famiglie, ci sono state delle piccole discussioni, delle gelosie meschine, ma il bilancio sportivo e umano parla largamente in suo favore dopo quattordici stagioni. Undici, se vogliamo scartare i suoi inizi alla

Solo-Superia dove Rik Van Looy che regna in solitaria gliene fa vedere di tutti i colori, e l'esperienza Peugeot, dove a ventun anni non ha molta voce in capitolo contro i cacicchi Tom Simpson, Roger Pingeon e Ferdinand Bracke, seduti sui loro privilegi.

In realtà, tutto inizia nel 1968. Merckx ha appena ventidue anni quando prende il potere in Faema e dimostra immediatamente un'autorità irrefutabile. Comanda con la sicurezza dei corridori con esperienza, come Vittorio Adorni, già vincitore del Giro. Adorni appartiene al clan italiano che gli è stato imposto dallo sponsor, resterà solo un anno. I suoi uomini, quelli che ha scelto, sanno perché sono lì: pedalare per lui, senza condizioni. Essere arruolati sotto lo stendardo di Merckx vuol dire rinunciare a qualsiasi ambizione personale, significa dare se stessi fino in fondo nella conquista di una maglia gialla, rosa, arcobaleno e delle numerose Monumento. Un adattamento del motto dei *Tre moschettieri* di Alexandre Dumas, «Uno per tutti, tutti per uno». Ebbene sì, Eddy Merckx, solo capitano a bordo, sa restituire i favori perché conosce il prezzo dei sacrifici volontari. Durante il Tour del 1975, arriva secondo in classifica generale nonostante sia vittima di una caduta a Valloire, all'inizio della 17ª tappa. Nonostante la doppia frattura mascellare e il setto nasale incrinato, rifiuta di abbandonare per non far perdere la loro parte di guadagni ai suoi compagni di squadra. Circa 1.113.505 franchi belgi (27.600 euro) intascati dalla squadra Molteni all'arrivo a Parigi, la metà va a Merckx grazie alle sue due vittorie di tappa e ai suoi piazzamenti come secondo in classifica generale, per punti e come miglior scalatore.

Nessuna stele rende immortali gli atti di coraggio degli uomini di Merckx. La vita che amavano non esiste più.

Ne rimangono dei vecchi ritagli di giornale, delle emozioni, dei ricordi scolpiti a colpi di grandi pedalate, in pianura, in montagna, dove nessuno poteva superarli, dove tutti, anche Merckx, faticavano. Quelle vittorie sono anche le loro. In qualsiasi altra squadra, alcuni di questi *generali* avrebbero potuto pretendere una particella di potere, puntare una Monumento, una classifica per miglior scalatore, una maglia verde o delle vittorie di tappa. Ma gli uomini di Merckx non avevano che una legge: quella del capo. Italo Zilioli, una sola stagione sotto le insegne della Faemino, si è asciugato una lacrima durante il nostro incontro, facendo un pellegrinaggio attraverso ricordi vecchi di cinquant'anni. «Faemino? *La più bella di tutti*».[39] Soggiogato «dall'organizzazione, il rigore, lo spirito che ne emerge», il sentimento «di un ordine quasi monastico dove nient'altro contava se non la figura del capo».

Merckx esercita sui suoi gregari un controllo magico. Ed è senza dubbio la principale ragione del successo dell'impero Merckx. Come spiegarlo altrimenti se non fermandosi un momento sull'esempio di Joseph Bruyère, incredibile corridore, anello fondamentale del sistema – nel suo palmarès due Liegi-Bastogne-Liegi e tre Het Volk, senza dimenticare la maglia gialla dei Tour 1974 e 1978. Il Vallone non aveva che un solo difetto, lo riconosce lui stesso: «Per comandare, c'è bisogno di forza mentale, di nervi saldi, di prender le decisioni e io avevo sempre dubbi, non sopportavo la pressione». La sua prima Liegi-Bastogne-Liegi nel 1976 è comunque degna di un grande Merckx.

[39] In italiano nel testo (N.d.T.).

E quando si porta in testa al gruppo, a volte il capo in persona deve intervenire: «*Piano, Joseph! Piano*».[40] È uguale, il corridore di Liegi che merita la menzione di "primo araldo" era un «merckxista incondizionato, felice di avere il ruolo di un lavoratore nell'ombra».

Victor Van Schil, un ex tagliatore di diamanti, ha già ventinove anni quando integra i ranghi della Faema nel 1968. Merckx, che l'aveva preso per un «cavallo vecchio», cambia in fretta opinione. In montagna, i suoi ritmi annunciano maltempo assicurato per gli avversari. Vincitore della Freccia Brabançonne nel 1968, quinto alla Parigi-Roubaix vinta da Merckx quello stesso anno, poi secondo a una memorabile Liegi-Bastogne-Liegi nel 1969 di fianco al suo leader, questo corridore di Anvers farà della fedeltà la sua regola di vita. Quando porrà fine alla sua carriera all'età di trentasette anni, Vic, scomparso nel 2009, contava un totale di ventitré grandi Tour (undici Tour de France, sei Giri, sei Vuelta). Un dettaglio importante è che Merckx amava molto la mentalità della Campine. Persone per le quali niente è mai un problema, di buon carattere, di ugual umore, saranno il cimento delle sue diverse formazioni.

Come Van Schil, Frans Mintjens viene dalla Campine e insieme a Jos Spruyt, Jos De Schoenmaecker, Jos Huysmans e più tardi Roger Rosiers forma quella che i giornalisti belgi hanno chiamato "la Campine Connection". In fuga con Tony Houbrechts durante il Giro delle Fiandre del 1970, Mintjens rifiuta di tirare perché «il capo non era mai lontano» e dice che «le grandi corse sono per

[40] In italiano nel testo (N.d.T.).

i grandi corridori». Ma quel giorno lì, Merckx non riuscirà a colmare il distacco e il suo sacrificio si concluderà con un quinto posto. Mintjens era uno che tirava sempre, in ogni momento. «Frans non aspettava che le telecamere cambiassero inquadratura per fare il suo turno davanti» sottolinea Bob Lelangue, suo direttore sportivo, celebrando anche «la sua onestà e il suo coraggio». Potremmo aggiungere il suo essere franco. Mintjens non sopportava che alcuni della squadra si nascondessero: «Due giorni prima di una cronometro, Swerts si risparmiava e la sua parte di lavoro cadeva sulle nostre spalle. Visto che poi pedalava bene e dava tutto, passava i due giorni successivi a recuperare, e il suo lavoro di nuovo ricadeva su di noi. Non l'ho mai accettato». Richiesto da molte grandi squadre che gli avrebbero triplicato, quintuplicato il salario, Mintjens ha riconosciuto solo un capo durante tutta la sua carriera. «Quello che ho ammirato di più in Merckx è stato il suo stoicismo. L'ho visto nervoso, stressato a volte, inquieto, ma non l'ho mai sentito lamentarsi. Durante il Tour del 1974, ogni giorno, all'arrivo, il suo pantalone era insanguinato a causa di una ferita all'inguine. Ha vinto quel Tour con otto minuti di vantaggio.»

Nella pura dinastia della Campine, Jos Huysmans è considerato uno dei più talentuosi. Grande senso tattico, furbo, sa fare tutto: tirare, scalare, sprintare, ma quello che Merckx preferiva in lui era la sua maniera di lanciare le volate e, quando si portava in testa, a tre chilometri dall'arrivo, nessuno poteva più superarlo. Ha già ventinove anni quando indossa la casacca Faemino, nel 1970, e una bella sequela di piazzamenti d'onore: quinto alla Parigi-Roubaix e alla Liegi-Bastogne-Liegi del 1965, di nuovo quinto alla Parigi-Roubaix e nono alla Doyenne del 1966, ottavo al Tour de France 1967, primo alla Freccia Vallone e secondo all'Amstel Gold Race nel 1969. D'una scrupolosa onestà, non aveva potuto impedirsi il giorno dopo il Grand Prix E3 del 1968 di prendere a pugni José De Boever, con il quale era andato in fuga e che l'aveva pregato di non lasciarlo indietro su promessa di non combattere per la vittoria. Ma, cinquanta chilometri dopo, De Boever si era dimenticato di tutto e l'aveva facilmente battuto in volata. La sua devozione per Merckx sarà senza limiti. Verso la fine del suo ruolo di gregario in montagna e in pianura durante il quarto Tour de France di Merckx, quello del 1971, dove si classifica nono, il suo capolavoro è sicuramente il suo momento da protagonista nella lunga fuga verso Marsiglia. Robert Bouloux, presente quel giorno, si ricorda di «un tipo scatenato, che urlava, gesticolava e incoraggiava Merckx e Wagtmans non appena il ritmo scendeva». «Un gregario d'oro» dirà Merckx, che ne farà il suo direttore sportivo nel 1978, a capo della squadra C&A, e gli offrirà poi di affiancarlo nella sua fabbrica di bici. Quando Huysmans morirà nell'ottobre del 2012 dopo trentacinque anni di fedeltà, Merckx ammetterà di aver «perso un fratello».

Il commando della Campine non sarebbe stato completo senza Jos De Schoenmaecker, uno dei migliori scalatori della sua epoca insieme a Martin Van Den Bossche. Nella squadra Merckx, aveva in montagna il ruolo di "pulitore" e i suoi tempi causavano disastri. Gimondi un giorno non ne poteva più, su un colle gli ha urlato: «*Basta, assassino!*».[41] Il boss ha rimpianto molto la sua assenza durante

[41] In italiano nel testo (N.d.T.).

la tappa di Orcières dove ha concesso otto minuti a Ocaña – Tour 1971 – e che De Schoenmaecker aveva guardato in televisione a causa di una frattura al femore capitatagli durante il Grand Prix du Midi Libre. Era un ragazzo allegro, che amava la vita e i suoi scherzi. Con Ward Janssens, è colui che ha fatto cambiare la mentalità alla Molteni. «Ogni tanto ci mettevamo a cantare, la sera a tavola, a scherzare, a distendere l'atmosfera un po' troppo rigida.» Bisogna anche dare credito a Merckx, che ha interpretato questo modo di fare come necessario, dopo una giornata devastante e prima di un'altra estenuante. Jos porterà a termine otto anni da Molteni, FIAT e C&A. Dopo la fine della sua carriera, nel 1983, sarà purtroppo vittima di un grave incidente sul lavoro alla mano destra su un tornio per metalli che gli trancia le dita. Eddy Merckx gli farà fabbricare una bici apposta con tutti i comandi sulla manopola sinistra per permettergli di uscire a pedalare.

Ward Janssens, ex compagno di squadra di Poulidor che lui definiva un "bravo tipo", arriva da Molteni nel 1973. «Prima, non osavo nemmeno rivolgere la parola a Eddy tanto mi intimidiva.» I suoi talenti di animatore di serate sono all'altezza delle sue qualità da scalatore. «Dopo Huysmans, dopo De Schoenmaecker e Van Den Bossche, a volte toccava a me dare l'ultimo colpo. Ne traevamo una fierezza collettiva.» Anche lui ha rifiutato, senza mai pentirsene, le offerte stupefacenti arrivate dall'Italia: «Nella squadra di Eddy Merckx tutti guadagnavano molto bene. Due grandi Tour e una trentina di criterium a stagione lasciavano quanto bastava per riempire il frigo per tutto l'anno». Al momento della sua riconversione, il suo altruismo e la sua lealtà saranno ricompensati con un lavoro dal produttore di bici Eddy Merckx.

Tra i suoi trenta compagni di squadra ce n'è uno che occupa un posto speciale nel cuore di Merckx: Patrick Sercu, l'amico di sempre. Sono cresciuti insieme, hanno fatto la scuola nei juniores, hanno debuttato lo stesso anno nei professionisti nella stessa squadra (Solo-Superia) e rafforzato la loro complicità sulla pista in occasione di numerose Sei Giorni. Hanno corso solo quattro stagioni con la stessa maglia, ma la loro amicizia era simbiotica, perfetta. Uno scalatore, l'altro sprinter, venuti dallo stesso modesto ambiente sociale, si somigliano e difendono gli stessi valori: rispetto, onestà, generosità. «Ci siamo fatti strada con il lavoro, con il sudore della nostra fronte. Tutto ha un prezzo» diceva Sercu, bloccato su strada da quella che chiamava «la frontiera delle sei ore di sella... Oltre quella, era complicato per il mio sprint». Di Merckx, che conosceva meglio di chiunque altro, si avventurava fino a dire: «È il tipo di uomo che non funziona correttamente quando non è sotto pressione». Portatore della maglia gialla e detentore di una maglia verde nel Tour 1974, sotto i colori della Brooklyn, Sercu è all'origine del riavvicinamento tra Merckx e De Vlaeminck. Quell'anno, i giornalisti denunciavano un'insolita intesa tra le formazioni Brooklyn e Molteni, e li avevano soprannominati "i BrookMol".

Questo ex campione olimpico sul chilometro (1964), campione del mondo amatoriale (1963) e professionista (1967 e 1969) di velocità, ha corso in pista fino ai quarant'anni, sponsorizzato nei suoi ultimi tre anni da Cycles Eddy Merckx. Patrick Sercu, nato a Roeselare, nelle Fiandre Occidentali, doveva compiere settantacinque anni quando è morto nell'aprile del 2019.

I suoi gregari francesi

Nel corso delle sue quattordici stagioni, Eddy Merckx ha avuto ventitré gregari francesi: venti da Peugeot, due da FIAT France e uno da C&A:

PEUGEOT 1966 e 1967

Direttore sportivo: Gaston Plaud; André Bayssière, Francis Bazire, Raymond Delisle, Henri Duez, Jean Dumont, Charly Grosskost, François Hamon, Pierre Le Mellec, Camille Le Menn, Désiré Letort, Michel Nédélec, Hubert Niel, Francis Pamart, Jean-Paul Parisé, Roger Pingeon, Christian Raymond, André Zimmermann.

Sono arrivati nel 1967: Jean-Claude Daunat, André Desvages e Jean Sadot. La squadra contava nei suoi ranghi due corridori stranieri: Ferdinand Bracke (Belgio), Tom Simpson (Gran Bretagna).

FIAT *France 1977*

Direttore sportivo: Raphaël Géminiani; Robert Bouloux, Jean-Luc Molinéris.

C&A *1978*

Robert Mintkiewicz.

«Quanto Swatti?»

«Le nuove bici sono così veloci che un corridore incollato alla ruota di quello che lo precede quasi non pedala. Con questa aerodinamicità all'eccesso siamo nella F1.»

Jean-Jacques Vandenbroucke, ex meccanico nelle squadre professioniste

Il ciclismo è uno degli sport che negli ultimi trent'anni si sono più evoluti in termini di tecnologia, di materiali, di dieta e di strategia. I modernisti parlano di innovazione, di miglioramento e di incremento della performance, mentre i puristi vedono in questa sofisticazione e in questi cambiamenti una deturpazione del loro sport. Se Anquetil, Van Steenbergen, Bahamontes, Gimondi o Ocaña, star del XX secolo insieme a tanti altri, si trovassero scaraventati in un Tour de France di oggi – tipo *I visitatori*, il film di Jean-Marie Poiré – si chiederebbero su quale pianeta sono atterrati. Di sicuro, come il conte di Montmirail (Jean Reno) e Jean Cojon il Marpione (Christian Clavier), troverebbero che il loro mondo è decisamente cambiato.

Per esempio, lo penserebbero vedendo al ristorante un nutrizionista pesare con la sua bilancia da tavolo fino all'ultimo grammo gli spaghetti per ogni corridore. O incontrando, poco più lontano, un data scientist impegnato a incrociare i dati dei corridori sul suo computer – watt, calorie, glicemia – grazie a un misuratore di potenza installato sulla bici. O ancora, ascoltando un corridore che chiede a un compagno di squadra: «Quanto swatti sugli ultimi cinquecento metri?». Stupito, Anquetil chiederebbe allora una traduzione e il data scientist risponderebbe in "linguaggio Python" che swattare, in gergo, significa "produrre watt" e che i watt sono un dato fondamentale per calcolare lo sforzo e, ancora, che è necessario raccoglierli, selezionarli e analizzarli in vista della creazione di una sorta di ecosistema personalizzato. Tutto ciò con l'obiettivo di seguire l'evoluzione del profilo di pedalata del corridore con l'aiuto di diagrammi, istogrammi, grafici a torta e algoritmi. Alla parola *torta*, il cinque volte vincitore del Tour non riuscirebbe a impedirsi di sorridere ripensando al suo Tour de France 1964.

È una giornata di riposo in Andorra. «I giorni di riposo sono fatti per riposare, non per andare in bici» proclama allora. E, per sfida, partecipa a un *méchoui*, dove ha reso onore alla sangria e all'agnello arrosto.

Girovagando, queste vecchie glorie ritornate si troverebbero poi nel parcheggio dell'hotel dove gli assistenti tecnici – una volta meccanici – lustrano le bici. Jean-Jacques Vandenbroucke ne ha fatto la sua carriera. Il sogno di confrontarsi con i professionisti è durato solo poche settimane. Dopo l'improvvisa morte di suo padre nel 1971, diventa tutore dei gemelli Jean-Luc e Jean-Paul, allora tredicenni. Anni dopo, rientrerà nel mestiere ma dal lato della meccanica, seguendo le orme di Jean-Luc, professionista dal 1976 al 1988, forte di settantatré vittorie. Anche quando Frank, suo figlio, il più talentuoso della dinastia dei VDB, si aggiudica una monumentale Liegi-Bastogne-Liegi nel 1999 – prima di perdersi e scomparire nel 2009 – Jean-Jacques continuerà a regolare, sistemare, incollare e perfezionare le biciclette per duecento giorni all'anno.

A casa sua a Ploegsteert – "coda dell'aratro" in italiano –, un piccolo comune della Vallonia Piccardia, il più anziano dei fratelli VDB ha messo via i suoi utensili senza abbandonarli davvero. Cameron, la figlia di Frank, l'ha reso bisnonno del piccolo Jules, nato dalla relazione con lo sprinter belga Tim Merlier «e senza immischiarmi troppo riguardo la meccanica o i suoi allenamenti, seguo Tim da vicino. Quando vedo la sua bici tutta in carbonio, con dei cerchi alti tra i 5 e i 9 centimetri, delle ruote a 12 raggi per diminuire la resistenza dell'aria, dei cuscinetti in ceramica nella pedaliera e la confronto a quelle degli anni Settanta – tubi in acciaio, cerchi piatti, ruote a 36 raggi, cuscinetti a sfera in acciaio, il peso arriva facilmente al doppio. Sei chili e mezzo oggi, dodici chili prima. Il carbonio è diventato la norma. Ogni cosa su una bici è aerodinamica: il telaio, il manubrio, le maniglie dei freni, i pedali, il reggisella, il cambio elettronico e nessun cavo visibile. Le nuove bici sono così rapide e leggere che un corridore incollato alla ruota di quello che lo precede non ha quasi bisogno di pedalare. Con questa ricerca dell'aerodinamicità all'eccesso, siamo in F1». Un'altra constatazione importante che non manca di sottolineare, i rapporti: «Se prendiamo come riferimento solo l'inizio degli anni 2000, siamo passati da sette a dodici velocità nel pacco pignoni posteriore. Si cita spesso Victor Campenaerts, il supercombattivo del Tour de France 2023, grande passista con un motore potente, perché riesce a spingere un rapporto di 60 x 11. Oppure Tiesj Benoot, specialista delle fughe solitarie, che utilizza un rapporto di 54 x 10. Sono sempre di più i corridori che spingono rapporti durissimi».

Durante le riunioni di famiglia, VBD non può nascondere un sorriso quando al momento dei pasti Tim tira fuori la sua bilancia da tavolo: «Questo dato fa ormai parte del loro mondo, come un sacco di cose che a noi venivano vietate. Stare in piedi, salire le scale e correre erano delle attività proibite. La sera, in hotel, il corridore non stava sdraiato sul letto, ma si faceva sgridare. Oggi, nei suoi programmi di allenamento, Tim ha una mezz'ora di corsa a settimana». Quello che attira di più la sua attenzione in queste modifiche sono ovviamente gli allenamenti: «Alla mia epoca, durante i ritiri di prestagione, pedalavamo cinque o sei ore a coppie. Ci facevamo un buon margine di chilometri. Gli allenamenti di intensità arrivavano dopo, con le prime gare. Oggi, le gare si fanno in allenamento, con i ritmi dettati da programmi che ricreano le situazioni di gara. Molti inseriscono il profilo di una tappa del Tour o di un colle nel loro computer. Possono anche aggiungerci il vento e il meteo, e salire il Ventoux nel loro garage».

Quest'ottimizzazione della performance ha un ampio raggio d'azione. Il corridore di oggi gareggia poco e si allena molto, sovente in altitudine. Le destinazioni più alla moda sono: il Teide, vulcano delle Canarie (3700 metri), la Sierra Nevada in provincia di Granada (3400 metri), e Livigno in Lombardia (1800 metri). L'obiettivo è ovviamente di moltiplicare i globuli rossi e pedalare più a lungo senza produrre acido lattico grazie a un tasso di ematocrito maggiore. Ma questi ritiri costano cari alle tasche dei corridori: circa 5000 euro per tre settimane. Allora, un inventore astuto ha messo a punto delle tende ipobariche che rarefanno l'ossigeno e possono essere comodamente montante a casa propria. Quando Sep Vanmarcke, a trentacinque anni, ha dovuto mettere fine alla sua carriera nel 2023 – a causa dei tessuti cicatriziali scoperti sul miocardio che gli facevano correre il rischio di un problema cardiovascolare – questo specialista della Parigi-Roubaix (2° nel 2013, 4° nel 2014, 2016 e 2019) ha annunciato con ironia alla fine della conferenza stampa: «Ora non mi resta che smontare la tenda ipobarica che ho in giardino». Il fenomeno è così popolare che in Spagna, sulla Costa Blanca in provincia di Alicante, l'Hotel Syncrosfera – di proprietà dell'ex corridore russo Alexander Kolobnev, medaglia di bronzo su strada ai Giochi olimpici di Pechino – dal 2022 propone alle squadre dei ritiri in camera ipobarica. Il processo è molto complesso e il corridore può scegliere durante il suo soggiorno se respirare l'aria di Bogotá (2640 metri), Città del Messico (2250 metri) o di Quito (2800 metri) come se si trovasse in quel luogo.

Ma torniamo un attimo sull'alimentazione, con coloro che fanno da tramite tra il nutrizionista e il corridore. Prima, distribuivano sacche ai punti di ristoro e alla sera massaggiavano. Sul loro cedolino, erano qualificati come *soigneur* ma sono ormai "assistenti sportivi". Come molti altri, Alain Bizet, dopo un breve passaggio tra i professionisti con Fangio (1983) e Coop (1984), ha abbandonato il pantaloncino da ciclista per mettersi direttamente dietro il tavolo per i massaggi. Inizia nel 1985 nella grande squadra della Renault e, quarant'anni più tardi, è ancora in prima linea con la squadra francese di bici su pista alle ultime Olimpiadi, a Parigi. Importante anello della catena alimentare, spiega: «Prima della tappa, è nostro compito preparare due borracce personalizzate per ciascun corridore, con dosi di zucchero e sali minerali che vanno dai quaranta agli ottanta grammi, secondo un'applicazione digitale. Al posto delle buone vecchie provviste nella sacca, con torte di riso, panini al pollo, pasta di frutta, banane eccetera, ci sono adesso le "extra-feed-zone" con delle borracce che contengono le stesse porzioni di carboidrati, proteine e sali minerali. Si distribuiscono ogni quindici chilometri. Il corridore riceve le informazioni sul nostro piazzamento sul suo schermo di bordo fissato al manubrio. Questi appuntamenti sono cruciali perché, a causa delle medie molto elevate e per evitare degli inserimenti inutili, è preferibile che il corridore non scenda nemmeno dalla bici e si ristori direttamente dalla macchina del suo direttore sportivo. Messe in fila, queste borracce che vengono utilizzate solo una volta, rappresentano durante il Tour de France la cifra colossale di 2400 borracce per squadra. Venti squadre alla partenza del Tour fanno 48.000 borracce alla fine». L'altra grande innovazione è stata la comparsa dei gel, i famosi zuccheri rapidi. Ancora Bizet: «Sempre più corridori indossano ormai solo la tuta da gara, senza tasche sul retro, e infilano i gel sotto il pantaloncino. La tuta è una seconda pelle, senza una piega. Tutte le squadre vanno a caccia di guadagni marginali di watt. In caso di grande caldo, è normale distribuire delle calze gelate che si mettono sulla nuca in modo da abbassare la temperatura corporea di uno o due gradi, sempre per guadagnare watt. Un watt da una parte, un watt dall'altra: degli informatici hanno calcolato questi benefici aerodinamici – nuovi tessuti, nuove leghe eccetera – al venti per cento».

Per gli inglesi della Sky, diventata Ineos, funziona allo stesso modo, e sono stati i grandi precursori di questa rivoluzione tecnologica. I corridori del miliardario Sir Jim Ratcliffe sono stati i primi a presentarsi alle gare con dei pullman di squadra dove ognuno dispone di una cuccetta con materasso, cuscino e lenzuola. Sono stati anche i primi ad avere un food truck da far impallidire uno chef stellato. E i primi a installare dentro gli autobus otto lavatrici personalizzate, con un tavolo per massaggi sul fondo, risparmiando preziosi minuti di riposo, che diventano delle ore alla fine del Tour. Dopo la micronutrizione durante la tappa, la sera per cena il nutrizionista prende il testimone. In generale, il menù oscilla tra: riso, pasta, uova, pesce o carne bianca, frutti, yogurt. È un grande classico, ma tutto è minuziosamente pesato. Gli anglosassoni non mangiano più carne rossa, troppe tossine. Briek Schotte, l'ultimo dei fiamminghi, secondo al Tour 1948 dietro a Bartali, grande cacciatore di Classiche (Giro delle Fiandre 1942 e 1948) avrebbe gridato allo scandalo. Nella sua fattoria intorno a Kanegem, nelle Fiandre Occidentali, suo padre aveva l'abitudine di far uccidere una mucca quando arrivava la stagione delle Classiche di primavera. Così, il giovane prendeva il suo treno, la sera prima della Parigi-Roubaix, portando con sé la sua bici e uno zaino dove il genitore aveva infilato una grande bistecca di manzo. «Tenga» diceva al cuoco arrivando all'hotel. «Me la faccia cuocere per domani mattina alle 6.»

Eredi

Mentre scrivevo questo libro, ho lanciato un sondaggio e chiesto a cento professionisti in pensione o attivi, corridori amatoriali e giornalisti di Paesi diversi di stabilire la propria classifica, comprendendo tutte le epoche, dei dieci migliori ciclisti della storia. Il risultato è illuminante. Sulle novantasei risposte ottenute, Eddy Merckx arriva primo in novantuno e secondo nelle altre cinque. Bernard Hinault è tre volte primo e Fausto Coppi due. È interessante notare che il Tasso viene classificato quarantasei volte secondo e quarantasette terzo. Il Campionissimo è secondo quarantacinque volte e terzo quarantanove. Jacques Anquetil è quello che è più spesso citato tra il quarto e il settimo posto. Arriva prima di Felice Gimondi, Tadej Pogačar, Miguel Indurain, Louison Bobet, Gino Bartali e Rik Van Looy. Arriva dopo un peloton "in gruppo" con: Chris Froome, Bernard Thévenet, Roger De Vlaeminck, Greg LeMond, Alberto Contador, Sean Kelly, Joop Zoetemelk, Mathieu van der Poel, Freddy Maertens, Rik

Van Steenbergen, Jan Janssen, Stephen Roche, Luis Ocaña, Johan Museeuw, Lucien Van Impe, Raymond Poulidor, Alfredo Binda, Federico Bahamontes, Tony Rominger, Vincenzo Nibali, Alejandro Valverde, Marco Pantani e Antonin Magne.

Quale segno ha potuto lasciare Eddy Merckx, forte di un palmarès che sembra un'esagerazione, un'alterazione della storia? È stato una fonte di ispirazione per le generazioni che l'hanno seguito? Cinque ex campioni – un olandese, un francese, un belga, un italiano, uno spagnolo –, tutti vincitori delle Monumento, condividono la loro opinione e la loro maniera di percepire questo fenomeno. Ma l'attualità del Tour 2024 che ha proiettato Tadej Pogačar sotto i riflettori dopo la sua vittoria, ne ha fatto molto più di un semplice erede e a ventisei anni lo sloveno si qualifica come un potenziale successore del Cannibale. Alla sua tripla corona nel Tour de France (2020, 2021, 2024) si deve aggiungere un Giro (2024) e sette Monumento: Liegi-Bastogne-Liegi (2021, 2024), Giro delle Fiandre (2023), Giro di Lombardia (2021, 2022, 2023, 2024). Il suo temperamento da attaccante, la sua voglia di disputare tutto quello che può, piace ai guardiani del tempio Merckx, Hinault e Thévenet. I puristi, nel mentre, pregano a bassa voce che le sue performance – che hanno relegato il miglior Marco Pantani alle calende greche in cima al Plateau de Beille nei Pirenei (15ª tappa, Tour 2024) – non siano macchiate da irregolarità. In Pogačar c'è della classe, dell'autorità e dell'ambizione, valori indispensabili per un campione che ha messo le sue ruote nelle tracce del più Grande nella storia di questo sport.

Uguagliare o battere le cinque vittorie di Merckx al Tour de France, Pogačar può farlo. È già meno sicuro nel

Giro, dove dovrebbe aggiungerne altre quattro, improbabile sui pavé della Parigi-Roubaix (0/3) e impossibile alla Milano-Sanremo (0/7). E poi, lassù, c'è quel punto culminante, quell'Himalaya di 525 vittorie che né Pogačar né nessun altro potrà raggiungere, perché è cambiato tutto e siamo passati da un ciclismo da centocinquanta giorni di gare in media a una cinquantina per stagione.

ADRIE VAN DER POEL,
Giro delle Fiandre 1986,
Liegi-Bastogne-Liegi 1988.

La prima volta che ho sentito il nome di Eddy Merckx è stato alla radio, dovevo avere nove o dieci anni. Vivevamo in una fattoria e l'attività principale era il lavoro. La bici mi piaceva molto, partecipavo a qualche gara, ma ero davvero negato. Mi facevo doppiare da tutti quanti e l'unica ragione che mi spingeva a continuare era il divertimento. Sono cresciuto, dai juniores sono passato agli amatori. Un giorno, il destino ha fatto in modo che incrociassi Rini Wagtmans, ex gregario di Merckx e selezionatore della squadra dei Paesi Bassi. Continuavo a non vincere, ma lui mi ha detto: «Tu, tu hai un qualcosa. Potrai fare delle gare internazionali». Wagtmans mi ha reclutato per il campionato del mondo amatoriale di Valkenburg, nel 1979, durante il quale sono caduto. Ho poi partecipato alle Olimpiadi di Mosca nel 1980, dove sono arrivato settimo e primo europeo; e nel 1981 sono diventato professionista. Merckx, in tutto questo? Un grandissimo. Palmarès incredibile. Abbiamo quattordici anni di differenza e non ho mai pedalato con lui. Nel 1978, quando ha terminato la sua carriera, io stavo appena emergendo come amatore. Sapevo che aveva un palmarès immenso. Così impressionante che quando sei giovane è quasi irreale, e nessun confronto è possibile.

Nel 1981, l'anno del mio primo contratto da professionista, non gareggiava già più, ma non lo si perdeva di vista comunque. C'è Merckx dappertutto, nelle Classiche o nei grandi Tour. Ne avevo sentito parlare anche perché ero nella stessa squadra di Joop Zoetemelk, uno di coloro che mi hanno insegnato di più in quanto essere umano, uno dei più intelligenti su una bici, onesto e rispettoso – cose che contano molto nella vita. Condivido anche la sua concezione del nostro sport. Nel 1986, la mia prima vittoria di stagione è stata il Giro delle Fiandre che Merckx ha vinto due volte; e nel 1988 ho vinto la Liegi-Bastogne-Liegi, che Merckx ha vinto cinque volte. Mai mi è passato per la testa che avrei dovuto vincerne tre, quattro o cinque. Mi allenavo duramente, ero serio e l'essenziale era fare bene quello che dovevo fare. Ho avuto una sola occasione per indossare la maglia gialla, all'inizio del Tour 1984, e non me la sono lasciata sfuggire. Di nuovo, l'ho presa come una ricompensa per il mio lavoro. Personalmente, la sola cosa che rimpiango di quell'epoca è di non essermi goduto con calma le vittorie. Bisognava correre sempre. Pedalavo centoquaranta giorni l'anno, mentre adesso ne fanno tra i cinquanta e i settanta. Lo sport è cambiato, la bici è cambiata, il mondo è cambiato e certamente Eddy Merckx è stato il più forte e il migliore ma, preciso, della sua epoca. La generazione degli anni Settanta, Merckx, De Vlaeminck, Maertens eccetera, e anche quella degli anni Ottanta, Hinault, Kuiper, Thévenet, Kelly, Moser, hanno fatto la storia della bici. Ma quella di oggi, Pogačar, Mathieu (mio figlio), Van Aert, Vingegaard e gli altri, lascerà una traccia di cui si parlerà a lungo. Mi domando molto seriamente se Pogačar, che è ancora giovane, non riuscirà a fare così bene come Merckx.

MARC MADIOT,
Parigi-Roubaix 1985 e 1991.

Eddy Merckx è il corridore che ho detestato di più al mondo, nel mio universo di bambino. La prima volta che l'ho visto, stava facendo la ricognizione delle tappe del Tour 1970 per RTL. Era una domenica a Renazé, un giorno di comunione solenne, all'uscita della chiesa. Passa con la divisa Faemino davanti alla macchina RTL. La prima volta per davvero. Ho visto passare un mostro sacro, un dio. Era maestoso. Dopo, ho avuto la fortuna di vederlo ancora in alcuni criterium, a Bain-de-Bretagne per esempio, con Gimondi, elegante e raffinato in bici. Merckx era la forza, la potenza. Il colmo per me è che non ho mai avuto la fortuna di vedere Ocaña, il mio idolo, in attività. Era l'epoca in cui si giocava a "io faccio Ocaña, tu fai Merckx". Tagliavo delle strisce di carta, disegnavo i loghi delle squadre con delle matite colorate prendendole dall'album della Panini e le attaccavamo alle nostre magliette con delle spille. Il mio era arancione, come la maglia della Bic. Il mio amico Patrick Gaultier, poi diventato sindaco di Renazé, era Molteni. Mio fratello Yvon era Poulidor.

Molto, molto più tardi l'ho detto a Merckx. Doveva essere durante una riunione di ex campioni, forse a Régnié-Durette, nel Beaujolais, a fine serata. Ho preso coraggio. Jean-Pierre Danguillaume ne è stato testimone. Mi sono permesso di dirgli: «Sai, Eddy, sei uno dei tipi che ho più detestato al mondo. Ero un grande fan di Ocaña». E ho aggiunto: «Ma adesso che ti conosco, ti ammiro». Oggi, quando lo incontro, saluto il dio vivente del nostro sport. Gli do del tu perché mi merito il diritto di farlo, perché sono nella stessa corporazione, ma dentro di me provo sempre un profondo rispetto, un po' come se incrociassi il presidente della Repubblica. Eddy è una brava persona in tutti i rapporti. Un giorno che stavo cercando un partner tecnico per i vestiti della mia squadra, per pura coincidenza, l'ho sentito al telefono. Senza sapere niente delle mie iniziative, mi ha detto: «Se hai bisogno di un fornitore per equipaggiare i tuoi corridori, ne ho uno che potrebbe andare bene. Puoi chiamarlo da parte mia». Vent'anni dopo lavoro ancora con Alé.

Merckx mi ha fatto vivere le mie emozioni più forti quand'ero bambino. La tappa di Menté l'ho vissuta come un dramma. La tappa di Orcières, avevo il cuore che batteva a mille. Fino a poco tempo fa avevo in testa solo i suoni della radio, la voce di Jean-Paul Brouchon, quella di Fernand Choisel sul canale Europe 1. La radio è magica, ti permette di immaginare. Ho avuto la fortuna di farne un po' insieme a Christian Prudhomme e Jean-René Godart, è il più bell'esercizio che esista. Sei tu che metti le immagini in testa alla gente. E Orcières 1971, ho ancora quelle voci in testa. Quello che ha fatto Luis quel giorno è forse il più grande momento nella storia della bici. Non verrà mai sorpassato. Tutti pensano che il Tour sia ormai chiuso, e il giorno dopo papà Eddy fa ripartire la rissa. E poi arriva l'indomani. È tempo di raccolto da noi e per l'arrivo della tappa facciamo una pausa. Il giorno di Menté è un momento di desolazione, di annientamento, un dramma infantile. Dopo, devo ammetterlo, ho avuto una fortuna inaudita nella mia vita, quella di praticare lo stesso sport dei più grandi, incontrarli, raccontare loro la mia vita. La prima volta che ho vinto la Parigi-Roubaix, attraverso il paese di Hem, non lontanissimo da Roubaix, in quel momento ho avuto due pensieri. Uno per il mio amico Alain Bondue, che abita a Hem e mi dico: "Cazzo, il Grande darebbe qualsiasi cosa per essere al mio posto in questo momento". E poco dopo, quando ero ormai sicuro che avrei vinto, mi sono detto: "Amico, stai per fare come Merckx e De Vlaeminck, adesso". Mi vennero i brividi, e poi era tutto finito.

La generazione Merckx, ognuno dica quello che vuole, ma per me è stata l'età dell'oro, il periodo mitico della bici.

ALFONS DE WOLF,
Lombardia 1980,
Milano-Sanremo 1981.

Con Merckx ci siamo sempre incrociati senza vederci. Ha smesso di correre nel 1978, mentre io sono diventato professionista nel 1979. Lo dirò il più sinceramente possibile, l'ho ammirato ma non sono cresciuto ispirandomi alla sua carriera. A tredici anni, un bambino sogna di somigliare a un idolo che vince e che perde. Un bambino dev'essere felice quando il suo re di cuori vince, ma deve anche imparare cosa vuol dire essere triste quando perde. Forma il carattere. Il mio idolo era Roger De Vlaeminck. Per il suo stile, per le sue qualità di *classic man*. Merckx era di un mondo a parte, surreale, inumano, semplicemente un dio.

Decideva di vincere e vinceva, ovunque, il Tour de France, il Giro, la maglia iridata, le Monumento. Sinceramente, chi oserebbe voler somigliare o prendersi per Dio?

I sogni bisogna quasi toccarli. C'è una parte di impossibilità nel sogno, ma bisogna poterci credere. E mi dicevo che ero sulla buona strada per diventare un buon corridore vincendo il Giro delle Fiandre juniores nel 1974, Parigi-Roubaix e il campionato belga amatoriale del 1978. Quando sono diventato professionista nel 1979, mi è stato promesso un futuro dopo le mie vittorie al Lombardia nel 1980 e alla Milano-Sanremo nel 1981, il mio secondo posto a Liegi-Bastogne-Liegi nel 1982, i miei due Het Volk 1982 e 1983, una tappa del Tour 1984. Ma mai l'ombra di Eddy è venuta a disturbarmi, nemmeno durante quelli che per me sono stati grandi momenti. Non ho pensato a lui nemmeno quando ho vinto la Milano-Sanremo, che lui ha vinto sette volte. Due Monumento vanno bene, ci si sente ricompensati, ci si sente affermati, ma io ero molto lucido e conoscevo i miei limiti. I grandi Tour non erano fatti per me e anche con un inizio di palmarès promettente non ho mai esitato a fare il gregario quando bisognava tirare, senza fare domande. Nel 1980, mi sono ritrovato alla Boule d'Or di fianco a Roger De Vlaeminck e ho dato molto per lui. La mia mentalità doveva andargli a genio perché mi ha promesso di restituirmi il favore, un giorno. Quand'è giunto il momento, ovvero quando è diventato direttore sportivo di Tonton Tapis, se ne era dimenticato e mi ha assicurato che non avevamo mai parlato di un contratto tra di noi. C'è il corridore e c'è l'uomo. Per me, una parola è una parola e un signore non deve mai venir meno alla sua parola. Ho aperto una lunga parantesi, perché Merckx non è così. Non l'ho mai conosciuto nel peloton, ma ho avuto l'immensa felicità, dopo la mia carriera, di fare parte della sua banda e di andare in giro con lui e i suoi gregari in settimana. Non ho mai bevuto una birra altrettanto buona alla fine. Ho anche pedalato con un pantaloncino di Merckx, un giorno che avevo dimenticato il mio. Ecco come ho conosciuto il più grande corridore, in ogni senso, di tutti i tempi.

Sognare di essere Merckx è come sognare di vincere alla lotteria. Un giorno forse Tadej Pogačar, un attaccante che mi piace, riuscirà a eguagliarlo nel Tour de France, nel Giro o a Liegi. Tre Tour de France a venticinque anni è davvero una gran cosa. Ma non avrà mai il palmarès di Eddy. Non ci sarà mai più un altro Merckx. Perché oggi i corridori passano troppo tempo ad allenarsi e a prepararsi. D'altra parte, il loro monitoraggio è iperprofessionalizzato. All'arrivo di una tappa del Tour ci sono otto *soigneurs*, uno per ciascun corridore, che gli danno subito una bevanda di recupero personalizzata. Se mi permetto un solo paragone con la generazione in attività, direi che per fare un Merckx bisognerebbe unire le qualità di un Pogačar e un van der Poel. Ciò che è unico in Merckx, quello che mi stupisce di più, è la sua mentalità. Avrebbe preferito morire piuttosto che perdere. È su questo terreno che aspetto Pogačar.

GIANNI BUGNO,
Milano-Sanremo 1990,
Giro delle Fiandre 1994.

Prima di andare in bici, ho giocato a calcio, fatto un po' di nuoto e a quindici anni, perché avevo degli amici che correvano, ho tentato la fortuna. Prima gara sotto la pioggia. Vengo raggiunto a un chilometro dall'arrivo, ma ero sicuro che avrei ripreso, e non ho più mollato fino al 1998, il termine di una carriera da professionista lunga quattordici anni. La prima volta che ho sentito il nome di Eddy Merckx era il periodo in cui mi ero appena tesserato ma lui non correva più. Le persone ne parlavano come di un extraterrestre, più forte di Coppi per alcuni, meno per altri. È sempre così. C'è un grande campione per ogni età nel corso delle generazioni. Il mio è stato Hinault perché era concreto. Lo vedevo alla televisione. Leggevo le sue dichiarazioni. Hinault vince il suo primo Tour de France quando io inizio ad andare in bici. Merckx è già passato alla storia. Non l'ho mai visto correre e non si può avere come idolo qualcuno che esiste solo nei racconti sui grandi. Ho ammirato Hinault per la sua maniera di correre, il suo carattere diretto, semplicemente perché era Hinault. Ho un ricordo preciso che può sembrare banale, ma che resterà per sempre nella mia memoria. Disputo la mia prima Parigi-Bruxelles nel 1986, e so che è l'ultima gara di Hinault. Era la prima volta che lo vedevo dal vivo e sono andato a stringergli la mano. Solo per dirgli «*Complimenti*».[42]

Per iniziare ho fatto molta pista. Ho visto degli inseguimenti, delle americane, delle eliminatorie. Sono una buona scuola. Sono stato campione italiano in inseguimento individuale nei juniores e negli amatori, e posso dire che quando sono diventato professionista tutto quello che avevo imparato sulla pista, il posizionamento, i riflessi mi ha molto aiutato ma non ho mai pensato di provare il record

[42] In italiano nel testo (N.d.T.).

dell'ora. Al di sopra c'era Indurain e ciò ti rimette i pensieri a posto. Continuando con la mia carriera, ho realizzato che quello che aveva fatto Merckx nel Giro, nel Tour, alla Milano-Sanremo e altrove ne faceva un campione a parte. Di fronte a tutto questo, si può anche vincere un Giro delle Fiandre, un Giro, una Milano-Sanremo, ma ci si sente comunque piccoli, schiacciati dal suo palmarès. Visto sotto questo aspetto, è il più grande. Merckx è Pelé, o Maradona. Ha fatto la storia dello sport, non solo quella del ciclismo. Per il suo palmarès è di molto, e penso lo sarà per sempre, il più grande di noi tutti. Ma non posso paragonarlo a Coppi. Perché Coppi è una leggenda e una leggenda non si paragona con nessuno. Nella mitologia non si confronta un dio con un altro. Sono dèi e basta. Sono d'accordo con i più anziani di noi quando dicono che Coppi è la radio, Merckx è la televisione. Alla radio, ascolti e immagini. Ascoltare una gara di Coppi alla radio è molto diverso dal guardare una corsa di Merckx sulla RAI. Non vale la pena provare, non farai mai cambiare idea a coloro che preferiscono Coppi a Merckx o il contrario.

ÓSCAR FREIRE,
Milano-Sanremo 2004, 2007, 2010.

Non ricordo esattamente quando ho incontrato Merckx per la prima volta. Probabilmente dopo una gara che ho vinto in Belgio, forse la Freccia Vallone. Ci sono state poi numerose altre volte. Una Milano-Sanremo, una presentazione della squadra, una riunione UCI di ex campioni del mondo. Abbiamo trentuno anni di differenza. Io sono nato nel 1976, l'anno della sua ultima vittoria alla Milano-Sanremo. Ci separano tre generazioni, come dire un mondo intero. Ho corso con un Merckx, ma era suo figlio.

Non sorprenderò nessuno dicendo che non è più lo stesso ciclismo e che le mie tre vittorie alla Milano-Sanremo non hanno niente a che vedere con le sue sette. Per vincere sette volte la Primavera, bisogna avere delle qualità straordinarie. Merckx era straordinario. Faceva la differenza ovunque, in pianura, in montagna, durante i grandi Tour, durante le Classiche e anche in pista. Resto senza parole quando guardo il suo palmarès. Nessuno potrà mai eguagliarlo. Ma alla sua epoca, le strade e i materiali permettevano quel tipo di ciclismo. Il vero successo era dire «Ho battuto Merckx» piuttosto che dire «Ho vinto la gara».

I Re Magi, ovvero Babbo Natale per noi in Spagna, mi hanno regalato la mia prima bici nel 1985. Avevo nove anni. Era rosso granata con il telaio di ferro e il mio primo club, lo stesso anno, è stato il Club Cycliste Galon di Torrelavega, con una maglia di colore giallo. Prima di me, nella mia famiglia nessuno aveva mai corso, né si era interessato a questo sport, e non avevo mai sentito parlare di Bernard Hinault che aveva vinto il suo – credo – quinto Tour de France nel 1985. Allora, potete immaginare, Merckx era uno sconosciuto per me e lo è rimasto a lungo. Molto più tardi, quando sono diventato campione del mondo con il primo dei miei tre titoli, nel 1999, non mi è mai venuto in mente di dirmi, come per le mie tre Milano-Sanremo: "Bravo, hai fatto come Merckx". La mia maniera di correre era molto diversa dalla sua. Il mio repertorio era anche abbastanza limitato: sempre in sprint, e in piccoli gruppi. Lui eccelleva sempre: montagna, sprint, in solitaria. Non oserei mai dire di essere un erede di Merckx o di Hinault.

Mi ritrovo all'intersezione tra due epoche, quella di Kelly e di Hinault e quella di Alaphilippe e di Pogačar, ma troppo lontano da quella di Merckx. Nel 1999, il materiale era ancora in piena evoluzione, ma si potevano ancora avere delle sorprese. A Lisbona, al mondiale del '99, manca un'ora alla partenza, non sopporto più le mie scarpe da gara, mi stringono i piedi, il dolore è atroce e non ne ho un paio di ricambio. Allora le ho aperte con un taglierino per far uscire l'alluce. Oggi, questo genere di incidenti non è possibile. I corridori mettono i piedi in delle pantofole e le loro bici sono anche molto più leggere, più aerodinamiche e vanno molto più veloce. Con i nuovi metodi di allenamento e tutta la tecnologia, i valori si sono livellati. È sempre più difficile sorprendere gli avversari e andare in fuga. È per questo che sono molto fiero di essere l'unico corridore degli ultimi vent'anni ad aver vinto più volte la Milano-Sanremo. Al contrario, all'epoca di Merckx, le qualità fisiche avevano un vero impatto diretto sulle performance. Merckx era in F1, gli altri correvano in F2 o F3.

Inaccessibile

«*Che possa vivere mille anni!*»
Proverbio cinese

Era quasi necessario che nel palmarès di Eddy Merckx, immenso, mitologico – 525 vittorie, i grandi Tour, le Monumento, le Classiche – ci fosse una falla. Si chiama Parigi-Tours. Ci si è messo per sei volte, ma non è mai riuscito a fare meglio di un sesto posto. Solamente Rik Van Looy è riuscito a fare il Grande Slam e vincerle tutte. Questo non ha impedito a Merckx di essere da lungo tempo una leggenda e di ascendere, ancora in vita, al rango di mito. Di diventare il riferimento supremo, un'unità di paragone, un campione mainstream che ha attraversato generazioni e resiste alla rivoluzione che ha toccato e cambiato il ciclismo. A tal punto che, per indicare il ciclismo degli anni Settanta, dove ha regnato su tutti i terreni, in qualsiasi condizione meteorologica, per anni interi, ci siamo messi a parlare di merckxismo – come altri nell'arte moderna evocano il cubismo.

Mettendo insieme le testimonianze che sono il filo rosso di quest'inchiesta, siamo arrivati alla conclusione che il motore profondo del merckxismo è stata la sua ricerca infinita di vittorie. Fermarsi, per lui, era tempo perso, mentre ripartire subito verso nuovi orizzonti significava vivere la vita come l'aveva sognata. Merckx non è mai stato capace di rimanere al suo posto. Non ha forse fatto dodici volte il giro della Terra? La sua potenza, il suo senso tattico, la sua intelligenza ne fanno quindi il più grande e il migliore di tutti i tempi? Il più grande per il suo palmarès, agli occhi di tutti coloro che si sono espressi qui, senza dubbio. Merckx è per la bici quello che Pelé è stato per il calcio, Ayrton Senna per la F1, o Muhammad Ali per la boxe. Il migliore, la domanda è stata posta anche per Pelé, Senna e Ali e la risposta è più sfumata, genera discussioni appassionate tanto è delicato il confrontare generazioni.

Ci sono quelli che pensano, per esempio, che senza i suoi diciotto mesi di mobilitazione durante la Seconda guerra mondiale, privato dell'allenamento e delle gare, Fausto Coppi sarebbe stato senza eguali. E ci sono quelli che vedono in Merckx un campione universale, santificato, un mondo a parte. Ciascuno pensa di conoscere la verità. Questo dibattito è sterile, ma ha un grande merito: ci permette di mangiare una madeleine che fa riemergere in noi gli anni della nostra infanzia, della nostra giovinezza e del Tour de France. I campioni dell'infanzia restano per tutta la vita, si sa.

Eddy Merckx è stato questa madeleine per decine di migliaia di bambini che sono cresciuti con i suoi successi, che hanno giocato a essere Merckx su una biciclettina o che hanno un giorno indossato un pettorale grazie a lui. Ancora oggi, Merckx è il campione dei sogni che risorge quando un corridore belga vince una Classica.

Quello che possiamo anche dire senza rischiare di sbagliare è che il Tour de France è l'elemento fondante della sua carriera. Bisogna ricordarsi di quel maremoto partito da Bruxelles e arrivato a Parigi per celebrare la sua prima maglia gialla nel 1969. Per milioni di persone le immagini di quel luglio, a bordo strada, ad aspettare di veder passare il Tour de France sono quelle della gioventù e sono eterne. Non andiamo poi ad aprire il processo nostalgico delle trasformazioni che hanno scosso il ciclismo. I giovani eredi di Merckx oggi sono, fin dalla loro più tenera infanzia, quelli della generazione Nintendo, PlayStation o Pokémon. Sono cresciuti familiarizzando immediatamente con la tecnologia e ancora di più con i social media, le tecniche di marketing e i diritti d'immagine. Il loro quotidiano professionale è fatto di PowerPoint, di dati, di misuratori di potenza, d'ipossia, di watt. Merckx ci occuperebbe ancora un posto importante ma meno visibile, poiché non potrebbe correre che una cinquantina di giorni in media all'anno.

Non è il Merckx che preferiremmo. Colui che amiamo ha attraversato la propria esistenza sulla corona grande, lasciando dietro di sé una seconda Via Lattea. Onorato dal *Guinness World Records*, lo è anche da «Sports Illustrated». *Sua Maestà signor Merckx* ha titolato la celebre rivista americana che lo descrive come «l'incomparabile sovrano belga del suo sport, che ha reso celebre il merckxismo nel mondo intero». Nel maggio del 2023, lo scrittore americano John Underwood ha firmato un altro reportage sul tema: *Incontro con un uomo dal doppio volto: assassino a sangue freddo su strada, civilizzato nella vita privata*. Secondo alcuni sondaggi, è considerato in terra belga come il più grande cittadino di tutti i tempi dietro padre Damien, un missionario eroico che ha dedicato la sua vita a curare i lebbrosi dell'isola di Molokai, alle Hawaii. Ci tornano in mente due riflessioni che dicono tutto sul campione e sulla passione che ha saputo suscitare. Jacques Goddet, in qualità di direttore del Tour de France, vota Coppi: «Nei risultati, il numero uno è Eddy Merckx. Ma c'è qualcuno che per me è al di sopra, ed è Fausto Coppi perché si è manifestato in condizioni che sfioravano il divino, il superuomo per morfologia e natura fisica». Louis Caput, già campione di Francia su strada prima di diventare direttore sportivo di Raymond Poulidor, Joop Zoetemelk e Cyrille Guimard, si schiera in favore di Merckx: «Per me, Rik Van Looy è il più grande corridore di Classiche tra quelli che mi è stato dato di giudicare. Considero d'altra parte Fausto Coppi come il numero uno degli stradisti da tappa. Eddy Merckx è Rik Van Looy più Fausto Coppi». E finalmente, come non tirare fuori questa riflessione di Luis Ocaña rivolta alle generazioni future? Alla fine degli anni Ottanta, in un'intervista a «L'Équipe», l'effimera maglia gialla del Tour 1971, nata lo stesso anno e nello stesso mese ma a una settimana di distanza dal suo carnefice, ricordava: «Vorrei che i giovani si rendessero davvero conto di chi fosse Eddy. Non potrebbero più, come li vedo fare, fermarsi tranquillamente per urinare. Io, invece, ho spesso dovuto farlo nei miei pantaloncini da gara».

Forse leggeremo un giorno quest'iscrizione, come omaggio: «Quest'uomo non era un campione, era un mondo intero». Il 17 giugno 2025 Eddy Merckx festeggerà i suoi ottant'anni. «Che possa vivere mille anni!» dice un proverbio cinese.

Postfazione

di Bernard Thévenet

Eddy Merckx ha partecipato a sette edizioni del Tour de France. Ne ha vinte cinque, io mi sono aggiudicato le altre due. Ci ho messo molto tempo a realizzare che sono stato il primo a sfatare il suo mito, perché Merckx era ed è ancora un fenomeno, un corridore a parte che vinceva quando voleva. Per me, che ero atleta amatore dell'ACBB,[43] era un marziano e mi ricordo che nella nostra stanza al battaglione di Joinville,[44] con Bernard Dupuch, Charly Rouxel e Jean-Jacques Sanquer, avevamo appeso il suo poster dell'arrivo del campionato del mondo a Heerlen. Ho ancora quell'immagine in testa. Con quella volata, vince contro Jan Janssen di qualche centimetro... Emana una potenza straordinaria.

[43] Athletic Club Boulogne-Billancourt, associazione sportiva francese del comune di Boulogne-Billancourt, nella periferia di Parigi (N.d.T.).
[44] Unità militare dell'armata francese che accoglie gli sportivi (N.d.T.).

Lui e io siamo stati avversari, ma non nemici. Non ho mai incontrato un corridore al tempo stesso così avido di vittorie e così leale. Senza pietà ma giusto, e la sfida della maglia gialla non ha cambiato niente. Mi sono sempre trovato bene con papà Eddy. Ero solo una riserva nella squadra Peugeot che partecipava al Tour del 1970, l'anno del mio debutto da professionista nel peloton. Ma il ritiro all'ultimo minuto di Ferdinand Bracke e Gerben Karstens ha messo Gaston Plaud, il nostro direttore sportivo, davanti al fatto compiuto. Non ho mai saputo perché mi abbia chiamato per essere il decimo. Forse perché abitavo abbastanza vicino a Limoges, punto di partenza del Tour. Due settimane dopo, vincevo la tappa La Mongie, il 14 luglio, e mi ricordo che il giorno seguente, durante una conferenza stampa, Merckx disse: «Quello lì diventerà uno bravo. Lo rivedremo tra qualche anno». A ventidue anni un tale complimento proveniente da una maglia gialla ti accompagna per tutta la carriera, e anche dopo.

Ero nuovamente presente al Tour l'anno successivo, durante il famoso duello Merckx-Ocaña. Sulla salita verso Orcières, Luis era davanti, ben lontano. Merckx, insieme a un gruppo di inseguitori del quale facevo parte, era a circa sette minuti di distanza. Avrei dovuto dare il cambio agli altri ma non l'ho fatto, per paura di farmi lasciare indietro. A un certo punto, ci siamo ritrovati fianco a fianco, e mi ha chiesto: «Hai ancora da bere?». Gli ho dato la mia borraccia. Era un modo per farmi perdonare la mia passività. Dubito che si ricordi di questo episodio.

Qualche edizione del Tour più tardi, siamo nel 1975, ottengo la maglia gialla a Pra Loup. Durante la notte, mi alzo per andare in bagno. Gli scuri della mia stanza sono accostati e la luce della luna rischiara la maglia appoggiata sullo schienale di una sedia, e mi chiedo: "Ma perché Eddy ha lasciato la sua maglia gialla nella mia camera?". Ho potuto constatare fino a che punto una vittoria al Tour de France cambia la vita e la visione delle persone. È il 1974, siamo a un criterium post Tour, a Château-Chinon. Ho vinto una tappa della Parigi-Nizza e Merckx ha vinto il suo quinto Tour de France. François Mitterrand, venuto a salutarci, mi stringe a malapena la mano. Quella di Merckx, invece, non la lascia più andare. Stesso criterium post Tour, nel 1975. Mitterrand è di nuovo presente. Questa volta mi ha stretto la mano per cinque minuti. Colpa della maglia gialla!

Ci rivediamo ancora, Eddy e io, durante le riunioni di vecchi campioni e ad alcune inaugurazioni. Abbiamo la stessa passione, non ci abbandonerà di certo adesso. La passione viene sempre prima delle liti. Chiacchieriamo di tutto e di niente, degli atleti di oggi e di domani, ma c'è un soggetto che non affrontiamo mai: le sconfitte. Troppo doloroso. Per lui, come per me. Si tratta di rispetto. Sono fiero di averlo avuto come avversario e ancora più fiero di aver potuto guadagnare la sua stima.

APPENDICI

TUTTE LE VITTORIE DI MERCKX
ANNO PER ANNO

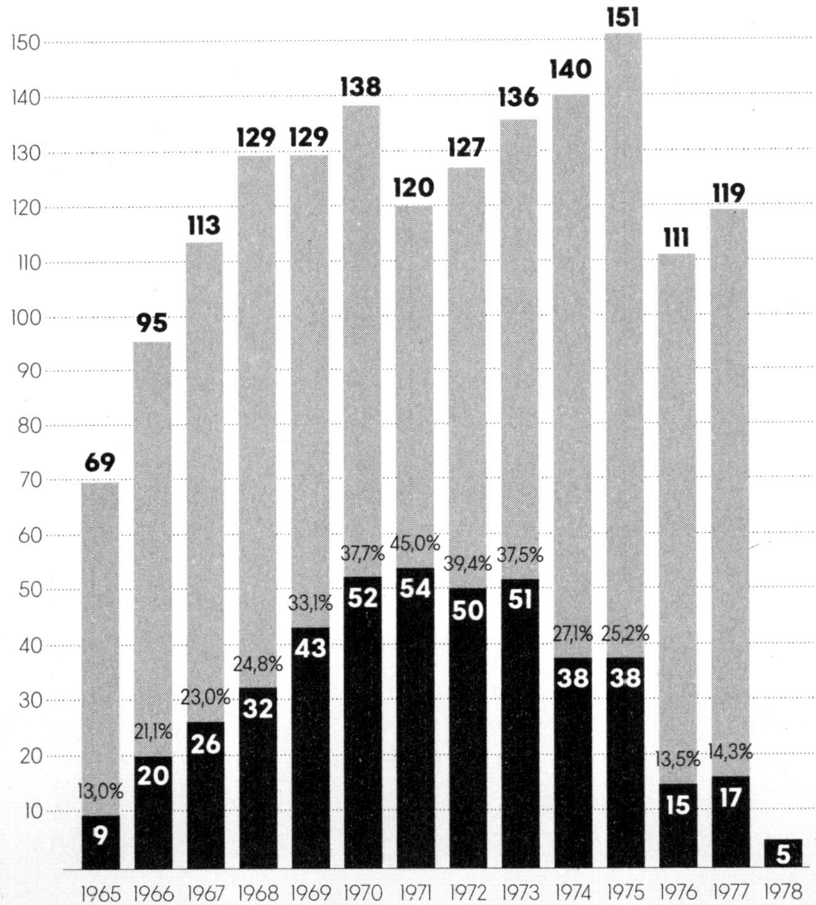

In nero, il numero delle vittorie. In grigio, il numero dei giorni di corsa.
La percentuale indica il rapporto tra il numero di vittorie e il numero delle gare disputate.
Il 1971 corrisponde alla sua stagione più felice: 54 vittorie su 120 giorni di gare.
Merckx ha calcolato che pedalava circa 35.000 chilometri per stagione, esclusa la prima (1965) e l'ultima (1978). Se si contano le dodici altre stagioni (dal 1966 al 1977), sono 420.000 chilometri. Insieme agli anni corsi nei juniores e negli amatori, il totale è di circa 500.000 chilometri. Ovvero, 12,5 volte il giro della Terra.

MONUMENTO

Le Monumento sono cinque: Milano-Sanremo, Giro delle Fiandre, Parigi-Roubaix, Liegi-Bastogne-Liegi e Giro di Lombardia.
Nella scala gerarchica, solo Eddy Merckx, Roger De Vlaeminck e Rik Van Looy sono riusciti a collezionarle tutte e cinque.
Merckx è il recordman assoluto con 19 vittorie. Tadej Pogačar e Mathieu van der Poel, oggi in attività e che rientrano in questa classifica, ne contano rispettivamente 7 ciascuno al 31 marzo 2025.

	Totale	Milano-Sanremo	Giro delle Fiandre	Parigi-Roubaix	Liegi-Bastogne-Liegi	Giro di Lombardia
Eddy Merckx (BE), dal 1966 al 1976	19	7	2	3	5	2
Roger De Vlaeminck (BE), dal 1970 al 1979	11	3	1	4	1	2
Sean Kelly (IE), dal 1983 al 1992	9	2	0	2	2	3
Fausto Coppi (IT), dal 1946 al 1954	9	3	0	1	0	5
Rik Van Looy (BE), dal 1958 al 1965	8	1	2	3	1	1
Fabian Cancellara (CH), dal 2006 al 2014	7	1	3	3	0	0
Tom Boonen (BE), dal 2004 al 2012	7	0	3	4	0	0
Gino Bartali (IT), dal 1936 al 1950	7	4	0	0	0	3
Tadej Pogačar (SI), dal 2021	7	0	1	0	2	4
Mathieu van der Poel (BE), dal 2020	7	2	3	2	0	0
Bernard Hinault (FR), dal 1977 al 1984	5	0	0	1	2	2
Philippe Gilbert (BE), dal 2009 al 2019	5	0	1	1	1	2

Tra le due guerre, **Costante Girardengo** (IT), dal 1918 al 1928, ha vinto nelle sue terre italiane 6 Milano-Sanremo e 3 Lombardia.

VINCITORI DEI GRANDI TOUR

Sono in sette ad aver vinto il Giro, il Tour e la Vuelta, i tre grandi Tour in calendario. In ordine cronologico, si tratta di: Jacques Anquetil, Felice Gimondi, Eddy Merckx, Bernard Hinault, Alberto Contador, Vincenzo Nibali e Christopher Froome.
Sono solo in quattro ad aver vinto cinque Tour de France: Anquetil, Merckx, Hinault e Indurain; e tre ad aver vinto cinque Giri: Binda, Coppi e Merckx.
Il primo americano a iscrivere il suo nome nel palmarès del Tour de France è stato Greg LeMond (1986).
Il primo sudamericano è stato il colombiano Egan Bernal (2019), mentre il primo australiano è stato Cadel Evans (2011).

11	**Eddy Merckx** (dal 1968 al 1974)	5	5	1
10	**Bernard Hinault** (dal 1978 al 1985)	5	3	2
8	**Jacques Anquetil** (dal 1957 al 1964)	5	2	1
7	**Fausto Coppi** (dal 1940 al 1953)	2	5	0
	Miguel Indurain (dal 1991 al 2005)	5	2	0
	Alberto Contador (dal 2007 al 2015)	2	3	2
	Chris Froome (dal 2011 al 2018)	4	1	2
5	**Gino Bartali** (dal 1936 al 1948)	2	3	0
	Felice Gimondi (dal 1965 al 1976)	1	3	1
4	**Vincenzo Nibali** (dal 2010 al 2018)	1	2	1
	Tony Rominger (dal 1992 al 1995)	0	1	3
	Primož Roglič (dal 2019 al 2023)	0	1	3
	Roberto Heras (dal 2000 al 2005)	0	0	4
	Tadej Pogačar (dal 2020)	3	1	0
3	**Louison Bobet** (dal 1953 al 1955)	3	0	0
	Greg LeMond (dal 1986 al 1990)	3	0	0
	Charly Gaul (dal 1956 al 1959)	1	2	0
	Laurent Fignon (dal 1983 al 1989)	2	1	0
	Pedro Delgado (dal 1985 al 19895)	1	0	2

NUMERO DI GIORNI IN GIALLO

(DALLA SECONDA GUERRA MONDIALE ALLA FINE DEL TOUR 2024)

1	**Eddy MERCKX** (BE)	**97**
2	**Bernard HINAULT** (FR)	**76**
3	**Miguel INDURAIN** (ES)	**60**
4	**Christopher FROOME** (GB)	**59**
5	**Jacques ANQUETIL** (FR)	**51**
6	**Tadej POGAČAR** (SI)	**40**
7	**Louison BOBET** (FR)	**34**
8	**Fabian CANCELLARA** (CH)	**29**
9	**Jonas VINGEGAARD** (DK)	**27**
10	**René VIETTO** (FR)	**26**
11	**Laurent FIGNON** (FR)	**22**
-	**Joop ZOETEMELK** (NL)	**22**
12	**Greg LEMOND** (USA)	**21,5**
13	**Gino BARTALI** (IT)	**20**
-	**Thomas VOECKLER** (FR)	**20**
14	**Fausto COPPI** (IT)	**19**
-	**Vincenzo NIBALI** (IT)	**19**
15	**Felice GIMONDI** (IT)	**18**
-	**Jan ULLRICH** (DE)	**18**
16	**Rudi ALTIG** (DE)	**17,5**
17	**Luis OCAÑA** (ES)	**17**
-	**Roger PINGEON** (FR)	**17**
18	**André DARRIGADE** (FR)	**16,5**
19	**Bernard THÉVENET** (FR)	**16**
20	**Dietrich THURAU** (DE)	**15,5**
21	**Geraint THOMAS** (GB)	**15**
22	**Julian ALAPHILIPPE** (FR)	**14**
-	**Pedro DELGADO** (ES)	**14**
-	**Bradley WIGGINS** (GB)	**14**
-	**Gastone NENCINI** (IT)	**14**
-	**Bjarne RIIS** (DK)	**14**
23	**Andy SCHLECK** (LU)	**13**

L'hanno portata prima della guerra: **Antonin MAGNE** (FR) per 38 giorni; **Nicolas FRANTZ** (LU), per 37 giorni; **André LEDUCQ** (FR), per 34,5 giorni; **Ottavio BOTTECCHIA** (IT) per 34 giorni; **Sylvère MAES** (BE), per 25 giorni.

VITTORIE DI TAPPE DEL TOUR

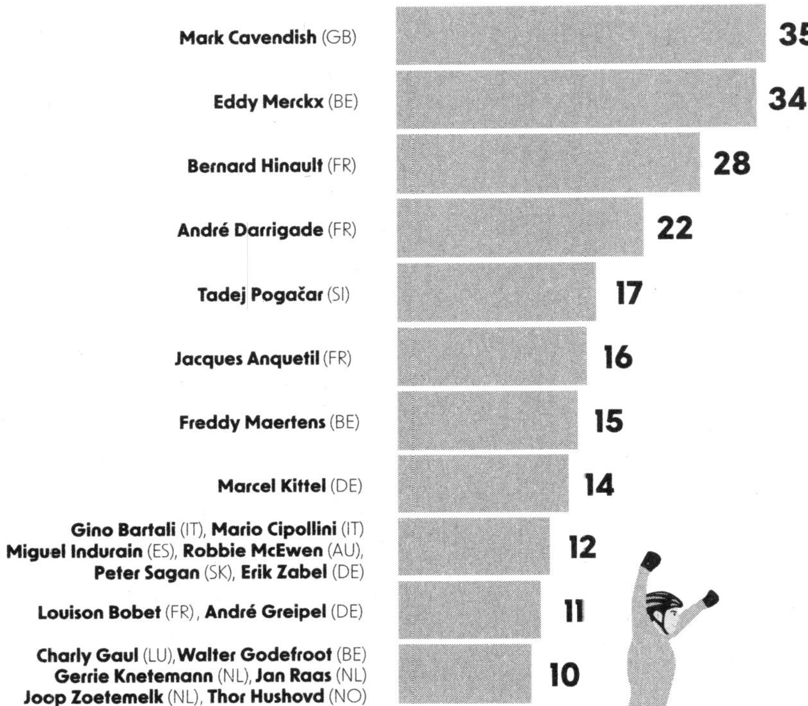

PRIMA DELLA GUERRA, SI SONO DISTINTI:
André Leducq (FR),25 vittorie; **Nicolas Frantz** (LU), 20; **François Faber** (LU),19; **Jean Alavoine** (FR),17; **René Le Grevès** (FR), **Charles Pélissier** (FR),16; **Philippe Thys** (BE),13; **Louis Trousselier** (FR),12; **Jean Aerts** (BE), **Raffaele Di Paco** (IT),11; **Antonin Magne** (FR), **Henri Pélissier** (FR),10.

RECORD DI VITTORIE
IN MONTAGNA

14 **Tadej Pogačar**
10 Eddy Merckx
9 Gino Bartali
8 Marco Pantani
7 Charly Gaul
Federico Bahamontes
Lucien Van Impe
6 Fausto Coppi
Luis Ocaña
Joop Zoetemelk

RECORD DI VITTORIE
CRONOMETRO

20 **Bernard Hinault**
16 Eddy Merckx
11 Jacques Anquetil

RECORD DI VITTORIE
DI TAPPA DURANTE LO STESSO TOUR

8 **Eddy Merckx (1970 e 1974)**
Freddy Maertens (1976 e 1978)

I MAGGIORI DISTACCHI ALL'ARRIVO DI UN TOUR DE FRANCE

Tempo	Anno	1° e 2°
28'17"	1952	1. **Fausto COPPI** (IT) 2. **Stan OCKERS** (BE)
26'16"	1948	1. **Gino BARTALI** (IT) 2. **Briek SCHOTTE** (BE)
22'00"	1951	1. **Hugo KOBLET** (CH) 2. **Raphaël GÉMINIANI** (FR)
17'54"	1969	1. **Eddy MERCKX** (BE) 2. **Roger PINGEON** (FR)
15'51"	1973	1. **Luis OCAÑA** (ES) 2. **Bernard THÉVENET** (FR)
15'49"	1954	1. **Louison BOBET** (FR) 2. **Ferdi KÜBLER** (CH)
14'56"	1957	1. **Jacques ANQUETIL** (FR) 2. **Marcel JANSSENS** (BE)
14'34"	1981	1. **Bernard HINAULT** (FR) 2. **Lucien VAN IMPE** (BE)
14'18"	1953	1. **Louison BOBET** (FR) 2. **Jean MALLÉJAC** (FR)
12'41"	1970	1. **Eddy MERCKX** (BE) 2. **Joop ZOETEMELK** (NL)
12'14"	1961	1. **Jacques ANQUETIL** (FR) 2. **Guido CARLESI** (IT)
10'55"	1949	1. **Fausto COPPI** (IT) 2. **Gino BARTALI** (IT)
10'41"	1972	1. **Eddy MERCKX** (BE) 2. **Felice GIMONDI** (IT)
10'32"	1984	1. **Laurent FIGNON** (FR) 2. **Bernard HINAULT** (FR)

8 SEC.

IL MINOR DISTACCO ALL'ARRIVO DI UN TOUR DE FRANCE È DI 8 SECONDI NEL 1989

1. Greg LEMOND (USA)
2. Laurent FIGNON (FR)

Questa foto ha una storia

La foto di Eddy Merckx in copertina è stata scattata dal fotografo di «L'Équipe» Robert Legros, l'8 giugno 1975, in occasione della sesta tappa del criterium del Delfinato, tra Grenoble e Briançon. Il campione del mondo, in piedi sui pedali, sale verso la cima del Galibier. Il giorno prima ha concesso più di dieci minuti a Bernard Thévenet, il vincitore finale. Una disfatta premonitoria. In un maestoso scenario di neve e rocce, lo scatto mette a nudo un campione in sofferenza.

Ma dietro a questa foto si nasconde una storia insolita. Al momento dello sviluppo, il fotografo si accorge che uno spettatore, fermo ai bordi della strada, copre parte della ruota posteriore di Merckx. Si decide quindi di far sparire l'intruso, e l'immagine ritoccata passerà alla storia. L'artista olandese Paul Meijering ne realizzerà persino un dipinto monumentale, esposto al museo del ciclismo di Roeselare, in Belgio.

Ringraziamenti

Ci tengo a esprimere la mia riconoscenza a Robert Janssens, Beppe Conti, Bennie Ceulen e Pascal Sergent. Dall'inizio alla fine del mio periplo durato nove mesi, mi hanno accompagnato con tanta generosità quanta efficienza, e il loro aiuto è stato prezioso. Un occhiolino complice a Jean-Philippe Bouchard, il mio editore, che mi ha indirizzato sulle tracce di questi gloriosi Campioni. Che ne sia ringraziato.

Indice